内定者が教える受かる書き方

自己PR・志望動機
エントリーシート
完全対策

キャリアデザイン研究所代表　坂本直文

大和書房

はじめに

まずはじめに、この本は「一石三鳥」の本です。これ１冊を読むだけで、

【1】受かるエントリーシートが書ける

【2】自己PRと志望動機を確立できる

【3】一生役立つ「書く技術」が身につく

という３つの武器を得られます。時間に追われる就活生のみなさんには、何冊もの就活本を読み込む時間はとりにくいでしょう。ですから、本書にて、まず大前提として「エントリーシートを通過させること」と、就職活動全体にわたって使える「自己PRと志望動機」、つまり“自分のコア”の部分を確立させてほしい、さらには今回の努力を内定獲得のためだけで終わらせず、社会人になってからも武器になるスキル（書く技術）として身につけてほしいという願いを込めています。

1. 受かるエントリーシートが書ける

就職活動におけるエントリーシートは、内定に至るまでの最初で最大の難関でもあります。応募の数に上限はないので、人気企業には大量のエントリーシートが送られますが、実際に企業が面接を行える人数には限りがありますから、ここで応募者の相当数が絞り込まれます。つまり、選考においては、エントリーシートで落とされることが最も多いのです。

落ちたとしてもフィードバックがあるわけではありませんから、次に書くエントリーシートも内容にほぼ変わりはなく、結果、何十枚とエントリーシートを書いてもすべて惨敗、という結果に陥ることも少なくありません。

本書の特徴は、「書き方の基本」はしっかり押さえつつ、インパクトを残す「応用的な書き方」について、バリエーション豊かに掲載しているところにあります。

書き方の基本がなっていないと通過はもちろん厳しいものになりますが、エントリーシートでは落とされる人のほうが多いので、平均的な出来栄えであっても落とされてしまう、つまり通過するためには他の応募者のエント

リーシートより頭ひとつ抜きん出ることが重要なのです。

本書では、文章構成の骨格となる「つかみ」「展開」「落ち」について、インパクトを残せる方法をさまざまに紹介しているので、その中から自分に使えそうな構成を見つけて作成することができます。それぞれの「NG 文例」と「合格文例」を見比べれば、同じ内容でもこれほど印象が違うものかと驚くでしょう。

また、本書に掲載している豊富な「合格文例」は、すべて実際に内定を勝ち取った人が書いたものです。合格者の文をまねてみることが、通過への最短ルートになります。3章の「合格文例と必勝テンプレート」では、前述の「つかみ」「展開」「落ち」の3要素を活かした合格者のテキストと、それをそのまま自分自身の経験や志望理由に置き換えて使えるテンプレートを掲載しているので、時間がない場合などには、ここを使って自分自身の「合格文」を作成してみるとよいです。

2. 自己PRと志望動機を確立できる

まずはエントリーシートを通過させるという結果を出すことが大前提であり、本書がその大きな助けになることはすでに説明したとおりです。ですが、エントリーシートを1枚作成するたびに大きな労力をかけるのに、その努力が1回のエントリーシートの通過という結果にしか結びつかないとしたら、あまりに効率が悪いですし、身が持ちません。

エントリーシートに書く内容は、主に「自己 PR」と「志望動機」の2点です。もちろん提出する企業ごとに書かれることは少しずつ変わってくるはずですが、自分の核となる「自己 PR」「志望動機」が確立していれば、エントリーシート1枚ごとにゼロから生み出すのではなく、自分のコアの部分から応用して書くことができます。

また、その内容は、エントリーシートを書くときだけでなく、当然、面接で話す内容にも関わりますし、さらにいえば、応募企業やインターンシップ先を選ぶときなど、自分がどのような人間で、どのように働いていきたいかを考えるときの拠り所となり、就職活動全体のベースになるものです。

本書には、自己PRであれば「仕事能力」「忍耐力」「発想力」「自己管理能力」など、志望理由であれば「やりたい仕事」「キャリアプラン」「専門知識」「インパクト体験」など、それぞれ豊富な切り口の文例を用意しています。それぞれのパターンごとに、自分の考えや経験に置き換えて考えを深めていくことで、自然と自分だけの自己PRと志望動機を確立されていきます。

3. 一生役立つ「書く技術」が身につく

この本の大きな特徴は、トップレベルの文章力がつき、社会に出てからも大いに役立つという点にあります。文章力はつまりビジネス力であり、仕事の成果に直結します。

企業に入社したら、日々の業務の中で多くの文章を書くことになります。たとえば、お客様への提案書やメール、プレゼンテーションの文章、上司への報告書の文章では、本書で身につく“説得力ある書き方”“心をつかむ書き方”がきわめて効果的です。

書く技術がそのまま話す技術につながることも、言わずもがなです。

私が心から願っているのは、みなさんが、多くの選択肢の中から、自分の夢や人生計画にぴったり合った企業を選び、最高に充実した人生を歩むことです。

本書は、多くの内定者のご協力によって、完成させることができました。心から感謝申し上げます。なお、内定者の実例は、個人情報保護の観点より、主題・趣旨が変わらない範囲で若干の補訂を加えています。

坂本直文

Contents

序章　書き方以前

1章　読みやすい文章の書き方

1 書き方の基本

2 ワンランク上にいく書き方

3 文章の用法

2章 テッパンの文章構成

1 つかみパターン

2 展開パターン

3 落ちパターン

4 「つかみ・展開・落ち」を使った16パターン

3章 合格文例と必勝テンプレート

1 頻出項目と近年の傾向

2 「志望動機系」テンプレート

3「自己 PR 系」テンプレート

4「頻出質問」テンプレート

特典　自己PRの言い換え表現

付録　メール・履歴書・手紙のマナー

序章

書き方以前

001
エントリーシートの入手・提出上の注意点

エントリーシートをどのように入手し、提出するかについては、企業のWEBサイトをよく確認するのが必須ですが、どの企業にも共通するルールがあるので、基本的なところを押さえておきましょう。近年はWEBでの提出が主流になっているので、それに慣れておくことも大切です。

忙しい就職活動のなかでエントリーシートを正しく提出するということ自体が、合格への最初のハードルともいえます。

1. エントリーシートには2つの目的がある

エントリーシートとは、企業が必要とする人材を選考するために工夫をこらした、企業独自の応募書類です。ほとんどのエントリーシートで聞かれる項目は、「志望動機」「自己PR」「入社後に取り組みたい仕事」などですが、企業によっては個性的な質問が設けられることもあります。

企業にとって、エントリーシートの主な目的は、「受験者を絞り込むこと」と、「面接の資料にすること」です。人気企業では、応募者数が面接できる人数を大幅に超えてしまうため、エントリーシートと履歴書で書類審査を行い、「会いたい学生」「会う価値のある学生」を厳選するのです。

わざと記述量を多くして、志望動機や熱意の高さを判断する場合もあります。また、エントリーシートで一般的な質問について回答を得ておき、それをもとに面接で個別により深い質問を行い、選考の質を高めようとしています。

つまり、エントリーシートは採用試験の第一関門で、面接の行方を左右する非常に大切な書類なのです。それだけに、内定獲得の最大の武器になるというわけです。

2. エントリーシートの入手方法

紙のエントリーシートの入手方法は、企業によって異なります。主な入手方法は、次の３通りです。

1　WEBサイトからダウンロード

企業の採用サイトからダウンロードして自分でプリントアウトする方法で、最も多く見られます。自分のパソコンからダウンロードする際は、きれいな紙（コピー用紙など）を使うこと。紙に汚れやしわがあると、見た目がとても悪くなります。

下書きや清書を何度でもやり直せるように、多めにプリントしておきましょう。

2　WEBサイトで請求

採用サイトから請求し、後日、郵送やメールで受け取ります。メールの場合は、「１」の場合と同様、自分でプリントアウトして使用します。

3　会社説明会やセミナーで受け取る

企業の採用イベント時に、直接受け取る形式です。その場で記入・提出するケースもあるので、要注意。採用イベントを訪れる場合は、自己PRや志望動機を事前に考えておくようにしましょう。

3.　エントリーシート提出におけるNG要素

エントリーシートの提出方法は、それぞれの企業によって違いはありますが、基本的に、自宅で記入したものを郵送またはWEBで送る方法です。

提出締切日が複数回設定されている場合もありますが、できるだけ1次締切日の前に提出しましょう。到着順にナンバリングしている企業もあるので、提出が早ければ早いほど熱意をアピールできます。

締切直前に提出すると、「仕事もギリギリまでやり終えることができない無計画なタイプ」と評価されることもありますし、ギリギリに慌てて提出しようとすると、うっかりミスも増えてきます。

うっかりミスは、書類審査で落とされてしまったり、その後の面接で不利になることも考えられます。以下に、ありがちな失敗例をあげますので、特に注意してください。

1　締切日に間に合わない

郵送・WEBともに、余裕をもって、締切日の2日前には提出できるように進めましょう。WEBの場合は、締切日直前は応募者のアクセスが殺到し、ログインできなくなる場合もあります。

2　指定文字数通りに書いていない

余裕をもって取り組まないと、文字数などの記入方法の指定に沿わずに書いてしまって気がつかないまま提出してしまうことがあり得ます。また、自己分析や企業研究が不十分だと、記述項目や指定文字数が多い場合にネタがなくなり、書けなくなってしまいがちです。

3　書き忘れ・提出し忘れ

同時に何社も受験していると、書き忘れたり、提出し忘れたりすることがあります。作成と提出のスケジュールを作り、しっかり進行管理をしましょう。

4　同封間違い・同封し忘れ

違う企業のエントリーシートを封入してしまったりしないように、書類はきちんと企業ごとに整理しておきます。送付前には、提出物がすべてそろっているか確認しましょう。

5　切手の貼り忘れ・料金不足・宛先の間違い

料金不足や宛先の間違いがあると、送った書類が戻ってきてしまいます。郵便局のWEBサイトを確認するなどして正しい料金の切手が貼られているかチェックし、宛先を間違えていないか何度も見直しましょう。

6　送信ミス（WEBの場合）

下書き段階でうっかり送信ボタンをクリックしてしまうと、中途半端な文章を提出することになってしまいます。サイトのテキストボックスに直接入力するのではなく、まず別のテキスト入力ソフトで文章を完成させ、それをコピー＆ペーストしたほうが安心です。

7　コピーし忘れ

エントリーシートは、面接のときの資料としても使われます。どの企業のエントリーシートにどんな内容を書いたのか忘れたり、混同したりしてしまうと、面接で矛盾したことを言ってしまうミスにもつながります。エントリーシートは、提出前にコピーをして手元に持っておきましょう。WEB送信の場合も、テキストデータを別ファイルに保存しておくこと。

002
WEBと手書きの違い

手書きのエントリーシートと、WEB上で文字を入力するエントリーシートでは、レイアウトや文字の強調の仕方が異なります。それぞれの特徴を理解した上で、最も見やすく、わかりやすい書き方をマスターしましょう。

大切なのは、両者の基本相違点、レイアウトと文字の強調の相違点をしっかり理解しておくことです。

基本相違点

	文字の大きさ	文字の太さ	改行	アンダーライン
手書き	変えられる	変えられる	できる	引ける
WEB	変えられない	変えられない	できない	引けない

レイアウトの相違点

手書きのエントリーシートでは、以下の①～④のすべての手法が使えます。WEBのエントリーシートでは、①だけが使えます。

①見出しや段落の先頭に、■、●、▼、⇒などの記号をつける

②大見出しと中見出し（小見出し）をつけ、内容をブロック分けする

③ポイントを箇条書きにする

④図やイラストを使う

文字の強調の相違点

手書きのエントリーシートでは、以下の①～⑧のすべての手法が使えます。WEBのエントリーシートでは、①と②だけが使えます。

①カッコでくくる

②強調したい文字の前に、■、●、▼、⇒などの記号をつける
③文字を大きくする
④文字を太くする
⑤アンダーラインを引く
⑥強調する文字の前で改行して、文頭に配置する
⑦強調したい文字の前後の字間、行間を空ける（周辺に空間を設ける）
⑧自由記入欄で、赤などの目立つ色を使う

記入例の比較

同じ自己PRを、手書きのエントリーシートとWEBのエントリーシートに書き分けてみました。レイアウトや強調の手法の違いに注目してください。

手書きエントリーシートの場合

声出しの大きさNo.1（30メートル先のお客様にも買っていただく）
地元の八百屋さんで2年間、店頭アルバイトを行い、商いの基本を
学ばせていただきました。私が仕事で実行していることは2点です。
1、商店街で1番大きな元気声を出して、客集めをする
2、70人以上の常連客の名前をすべて覚えて、自分からあいさつ
⇒御社でも1番元気のよい社員となり、1番の成績目指して努力します。

WEBのエントリーシートの場合

■声出しの大きさNo.1（30メートル先のお客様にも買っていただく）■地元の八百屋さんで2年間、店頭販売のアルバイトを行い、商いの基本を学ばせていただきました。私が仕事で必ず実行していることは2点です。（1）商店街で1番大きな元気声を出して、客集めをする。（2）70人以上の常連客の名前をすべて覚えて、笑顔であいさつ。■御社でも1番元気のよい社員となり、1番の成績目指して努力します。

手書きの場合は、文字の大きさ、太さ、アンダーライン、改行、箇条書きなどの手法を適宜使い、WEBの場合は、記号（■）やカッコを使って、レイアウトを見やすくする工夫、文字の強調を行います。

003
文字通りの「書き方」について
（手書きの場合）

手書きのエントリーシートの場合、読みやすいように書く配慮や、きれいな文字で書くていねいさが問われます。あくまでも内容が重要であるとはいえ、読みづらいために印象を悪くしたり、読んでももらえずに落とされたりしては、悔やんでも悔やみきれません。

最低限のエントリーシートの「書き方」を押さえておきましょう。

定規で等間隔に罫線を引く

罫線《けいせん》のない記入欄に書くと、文字列が蛇行したり、行間や字間がバラバラになったりして、見た目が悪くなります。定規で罫線を引いてから書きましょう。罫線は、文章を書いた後に消しゴムで消すので、鉛筆で薄く書きます。字間は文字の種類によって多少異なってもかまいませんが、厳密にそろえる場合は縦にも等間隔で罫線を引き、マス目を作ります。罫線入りの下敷きを使う方法もあります。

3種類のペンを使い分ける

見出し・本文・小さな文字を、3 種類の太さのペンを使って書き分けると、さらに読みやすくなります。目安として、見出しは 1.0 ミリ、本文は 0.5 ミリ、メールアドレス・フリガナ・電話番号などの小さな文字は 0.38 ミリを使って書くことをおすすめします。ゲルインキタイプのボールペンが、キレイに書けます。特に目立たせたい場合は、サインペンを使ってもよいでしょう。万年筆を使いこなせる人は、１本で太さを書き分けてもかまいません。

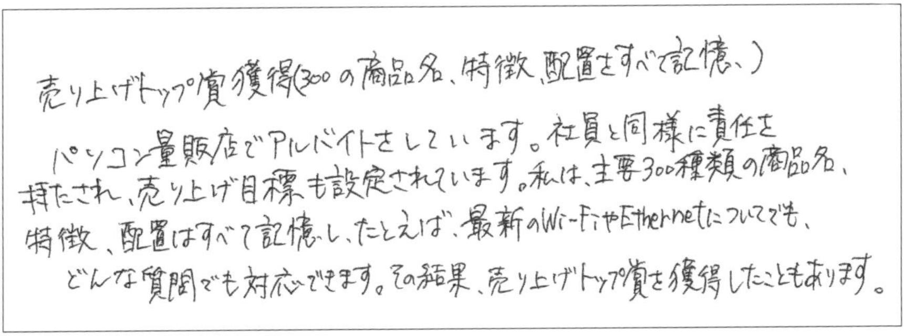

ココがNG

BEFORE

字の大きさ・太さにメリハリがない

❶見出しも本文も同じ大きさ・太さの文字なので読みにくい。
❷情報の階層関係がわかりにくい。
❸小さな文字(アルファベット)がつぶれていて、読みにくい。

文字列が蛇行し、行間もバラバラ

❶文字列が蛇行していて、見ばえが非常に悪い。
❷行間がバラバラで読みにくい。
❸字間がバラバラで読みにくい。

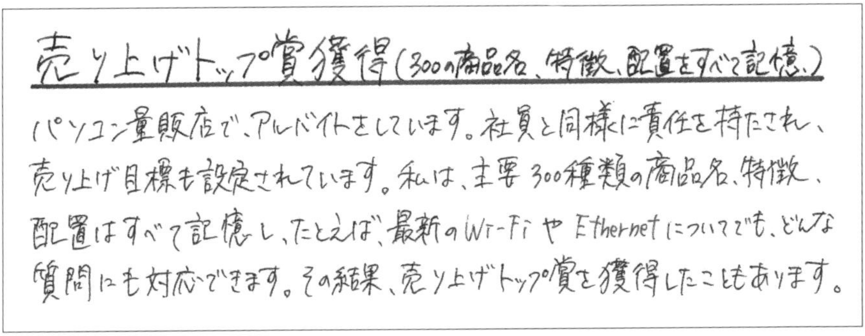

AFTER

書く前に、定規で罫線を引いた

❶鉛筆で薄く罫線を引いて、文字列がまっすぐになるようにしました。
❷罫線は等間隔にして、行間を統一しました。

3種類のペンを使い分けて書いた

❶見出しは万年筆、本文は0.7ミリのペンで書いて読みやすくしました。
❷字の大きさ・太さを変え、サインペンのアンダーラインで、階層関係をわかりやすくしました。
❸小さな文字(アルファベット)は、0.5ミリのペンで書いて読みやすくしました。

レベルごとに書き方は統一する

複数の記入欄に書く場合は、同じ階層の情報は同じ書き方に統一します。

- ●見出し…同じ大きさ・太さの文字にして、書き出し位置を統一
- ●本文…同じ大きさ・太さの文字にして、行間・字間・書き出し位置を統一
- ●箇条書き…数字や記号、書き出し位置を統一
- ●カッコ記号…同じ階層の場合は統一

それぞれの書き出し位置に、定規で印をつけておくとよいでしょう。

【1. 学生時代最も力を入れたこと】

ソフトテニス（地区大会2位）
学校一厳しい練習をするソフトテニス部に所属し、体力と根性を鍛えました。平日の朝練習・夕練習はもちろん、休日も練習をしました。
①夏は炎天下40度以上のグラウンドで、水分補給なしの猛練習
②冬は氷点下の寒風が吹く中、足がけいれんするほど猛練習
③ねん挫や突き指、打撲をしても、練習は1回も休まない
→初心者からレギュラーとなり、地区大会では2位になりました。

【2. あなたが誇れること】 TOEICを200点アップさせたことが私が誇れることです。〈毎日欠かさずコツコツ努力〉大学に入学したとき、将来仕事に役立てることを目的に、毎日時間を決めて、英語の勉強をすることにしました。持前の体力と根性で1日も休まず、コツコツ続けました。私が取り組んだことは、たとえば、以下の3点です。(1)往復2時間の通学時間は、NHKラジオ英会話の勉強をする。(2)大学ではクラスメイトの留学生と英語で会話する。(3)寝る前に英語で日記を書く。この結果、大学入学時は550点だったTOEICは、200点アップさせることができ、現在750点になりました

ココがNG

BEFORE

2つの記入欄の書き方に統一性がない

❶1と2の書き方が違うので読みにくく、構成・内容がひと目で理解できない。
❷見出しは、記入欄のタイトルの横からではなく、1段下げて書くべき。
❸2は見出しが長すぎる。1行以内にしないと読みにくい。
❹1と2の箇条書きの数字の書き方が統一されていないので、読みにくい。
❺記号（⇒）の書き方が乱雑。

見出し

字の大きさ・太さをそろえ、書き出し位置も統一する。
見出しらしさを強調するために、
アンダーラインを引いてもよい。

箇条書き

数字・記号を同じにする。
書き出し位置を統一する。

【1．学生時代最も力を入れたこと】

ソフトテニス（地区大会2位）

学校一厳しい練習をするソフトテニス部に所属し、体力と根性を鍛えました。平日の朝練習・夕練習はもちろん、休日も練習をしました。

①夏は炎天下40度以上のグラウンドで、水分補給なしの猛練習
②冬は氷点下の寒風が吹く中、足がけいれんするほど猛練習
③ねん挫や突き指、打撲をしても、練習は1回も休まない

→初心者からレギュラーとなり、地区大会では2位になりました。

【2．あなたが誇れること】

TOEIC200点アップ（毎日欠かさずコツコツ努力）

将来仕事に役立てることを目的に、毎日時間を決めて英語の勉強をしました。持前の体力と根性で、一日も休まずコツコツ続けました。

①往復で2時間の通学時間は、NHKラジオ英会話の勉強をする。
②大学では、クラスメイトの留学生と英語で会話をする。
③寝る前に英語で日記を書く

➡大学入学時は550点だったTOEICは、現在、750点になりました。

記号

■、●、▼、⇒などの記号は、
テンプレートを使ってきれいに書く。

まとめの文章

記号を同じにする。
書き出し位置を統一する。
まとめの文章らしさを強調するために、
⇒などの記号をつけてもよい。

AFTER

書き方に統一を持たせた

メリハリをつけて書き分ける

重要事項を強調する

見出しや目立たせたい言葉は、太くしたり、大きめにしたり、アンダーラインを引きます。ただし、目立たせる箇所は必要最小限にして、全体のバランスを考え、センスよく整えることが必要不可欠。目立たせる箇所が多くなるほど、１つ１つの目立ち度は下がってしまいます。センスの悪い強調は目ざわりになり、不快感を与える危険性もあるので要注意です。

ブロックを書き分ける

記入欄が広いなど、記述量が多くなる場合には、内容ごとにいくつかのブロックに分け、小見出しをつけて記号や番号を振る。

文章書きと箇条書きの使い分け

文章書きの長所は、気持ちを込めやすく、しっかり書いていると感じてもらえること（短所は、内容がひと目でつかめないこと）。一方、箇条書きの長所は、内容がひと目でつかめること（短所は、そっけなく感じられてしまうこと）。

文章書きが基本ですが、両方を使い分けたり、組み合わせたりして、それぞれの長所を活かした書き方をするとよいでしょう。

読みやすい
文章の書き方

1章

1

書き方の基本

最低限の文法・語法のルールや読みやすい書き方を踏まえていない文章で書かれたエントリーシートでは、いくらよい内容であってもうまく伝わりませんし、そもそもしっかり読んでもらえないリスクが生じます。

また、正しい文法・語法のルールで文章が書けるかどうかということ自体が、基礎学力を測る指標の一つとして評価対象になっている企業は多いです。

ここでは、通過するエントリーシートの書き方を知る前に、文章の書き方のルールといえる部分を紹介していきます。こうしたルールをマスターできれば、この先何枚も作成するエントリーシートの基礎レベルが上がりますし、社会人になってからも、文章を書くことで苦労することはなくなるはずです。

2章、3章に進む前に、必ず目を通しておくことをおすすめします。

1 主語と述語を近くに配置

「主語」とは、文の中で動作･作用･属性などの主体を表す部分、「述語」とは、動作・作用・性質・状態などを叙述する部分です。主語と述語の間に多くの言葉が入ると、内容がわかりにくくなります。対応関係が明確に判断できるように、主語と述語はできるだけ近くに配置しましょう。主語と述語の間の文（修飾句）が長い場合は、文を2～3個に切り離すことも大切です。

とくにマスコミ系企業では、これができていないと評価が大幅に下がるので要注意。

ＮＧ文例

私のセールスポイントは、たとえ長時間の勤務や炎天下の外回りでも、元気いっぱいに働き続けることができる、学生時代陸上部で鍛えた、フルマラソンを完走できる体力です。

➡主語と述語の間に多くの言葉が入っているので、内容がわかりにくい。

⬇

合格文例

私のセールスポイントは、フルマラソンを完走できる体力です。学生時代陸上部で鍛えました。たとえ長時間の勤務や炎天下の外回りでも、元気いっぱいに働き続けることができます。

➡主語のすぐ後ろに述語を配置し、文を３つに切り離しました。

2　肯定文で書く

　文章は肯定文で書くことを基本とするとよいです。人気企業の採用担当者は、流して読んだ印象で内容を捉えてしまうことがあります。否定文は、読みにくく、誤読を招きやすいというデメリットがあるので危険です。

　とくに、「～しないことはない」「～しないと～しない」のように１つの文中で否定形が重なる「二重否定」は避けたほうがよいでしょう。

ＮＧ文例

私のセールスポイントは、初対面の人と打ち解けることに時間がかからないことです。誰とでも心を閉ざさずに接します。大学のボランティアサークルでは暗い声で話さないようにしていましたが、この経験がなければ、長所も身につかなかったと思います。

➡否定系が続くことで読みづらく､「心を閉ざす」「暗い声」といったネガティブなワードが全体的な印象を悪くしています。また、最後の二重否定は読みづらく、伝わりづらく感じます。

↓

合格文例

私のセールスポイントは、初対面の人とすぐに打ち解けることです。誰とでも心を開いて接します。大学のボランティアサークルで明るい声で話すようにしていたことで、この長所が身につきました。

➡「心を開いて」「明るい声」などのポジティブなワードが、文章の印象をよくしています。また、時間のない採用担当者になったつもりで、急ぎ足で「NG 文例」と「合格文例」を読み比べてみたとき、こちらのほうが読みやすく、内容も理解しやすいことがわかるはずです。

3 一文は短めに

一文が長すぎる書き方をすると、どんなに内容はよくても、評価は下がります。その理由は、読み手にわかりにくくなる、基礎学力や説明能力の低さを懸念される、の２つです。よくあるＮＧパターンは、「…ですが」「…ので」「…であり」などの言葉でダラダラと文章を続けることです。読み手にわかりやすくするには、意味の切れ目で文を完結させることが大切です。

ＮＧ文例

私は週2回スポーツジムに通い、筋力トレーニングを行っていますが、始めた当初は腕立て伏せ・腹筋・背筋各20回を1セット行うのがやっとでしたけれど、1年間休まずに続けた結果、このメニュー3セットにダンベルによる数種類のエクササイズも3セット行い、さらにベンチプレス50キロもあわせて行えるまでに体力がつき、今では初心者に対する指導もしています。

➡マーカー部分は、本来そこで文を終わらせるべき箇所。

合格文例

私は週2回スポーツジムに通い、筋力トレーニングを行っています。始めた当初は、腕立て伏せ・腹筋・背筋各20回を1セット行うのがやっとでした。しかし、1年間休まずに続けた結果、このメニュー3セットにダンベルによる数種類のエクササイズも3セット行い、さらにベンチプレス50キロもあわせて行えるまでに、体力がつきました。今では、初心者に対する指導もしています。

➡一文をできるだけ短くし、わかりやすくしました。

4 「です・ます」か「である」か

「です・ます」調にするとていねいで軟らかい文章になり、「である」調にすると断定的で引き締まった文章になります。どちらかに統一して書きましょう。エントリーシートにおいては、「です・ます」調で書くのが基本です。「である」調は、あえて論文調やコラム的な文章にしたい場合だけ使うようにするとよいでしょう。

NG文例

企画開発部門の仕事に、ぜひ取り組みたい。このように思うようになったきっかけは、会社訪問の際に、課長の上田様に仕事のやりがいを詳しく伺ったことである。面接の際には、企画案を10案、持参する。

➡文章のテンポはよくなりますが、多少ぶっきらぼうに感じられる危険性があります。

➡エントリーシートの全項目をこの書き方に統一した場合の印象も、考慮する必要があります。

合格文例

企画開発部門の仕事に、ぜひ取り組みたいです。このように思うようになったきっかけは、会社訪問の際に、課長の上田様に仕事のやりがいを詳しく伺ったことです。面接の際には、企画案を10案、持参します。

➡目上の人に提出する文章は、「です・ます調」でていねいに書くのが一般的。

➡ていねいな印象の文章になります。

5 不要な修飾語や情報は削る

情報がてんこ盛りの文章は、読みにくく、わかりにくいものです。正確に伝えようとして細かなことまで書きすぎたり、熱い思いを伝えようと調べたことをすべて書いてしまうことは、よくあります。文章を書きあげたら、読み手にとって不必要な修飾語や情報がないか、必ず推敲しましょう。

ＮＧ文例

新宿駅徒歩5分の某企業にて、週１回、電話営業のアルバイトをしています。ミラクルという商品を顧客に勧め、1日 20 件の成果をあげ、成績トップになりました。現在は月1回の会議の際に数分間ほど、新人研修の講師も務めています。積極的な事業展開で国内シェア1位の御社で、私が取り組みたい仕事は、御社の中核部門である法人営業部の業務です。

➡マーカー部分は不必要。情報が多すぎて PR ポイントがぼやけてしまいます。読み手が当然知っていることを書く必要はありません。

合格文例

電話営業のアルバイトをしています。1日 20 件の成果をあげ、成績トップになりました。現在は、新人研修の講師も務めています。私が取り組みたい業務は、この経験を活かせる法人営業部の業務です。

➡自己 PR の説得力を高める言葉だけを残し、不必要な言葉は削除しました。
➡細かいことは、面接で聞かれたら説明すれば OK。
➡削除によって余った文字数で、取り組みたい仕事の具体例をあげるなどのアピールをすると、評価をさらに高めることができます。

6 文末の無駄をなくす

語尾に無駄な言葉がついていると、テンポよく読み進めることができません。スッキリとした語尾を心がけましょう。次のように言い換えます。

・～することにする　→　～する
・～とするものです　→　～です
・～と思います　→　～です
・～になると考えております　→　～になります
・～というものです　→　～です
・～するようにします　→　～します
・～であるといえます　→　～です

ＮＧ文例

御社の電子デバイス研究開発部門の仕事に、取り組みたいと思っています。私は、ICタグの開発に必要であるといえる電子工学の専門知識を大学で取得しました。貢献することができる社員に必ずなれると考えております。

➡マーカー部分は不必要な言葉を含んでおり、とても読みにくく感じられます。

➡文字数を水増ししているだけに感じられます。

↓

合格文例

御社の電子デバイス研究開発部門の仕事に取り組みたいです。私は、ICタグの開発に必要な電子工学の専門知識を大学で取得しました。貢献する社員に必ずなります。

➡不必要な言葉を削り引き締まった文章にしました。

➡テンポよく読めるようになりました。

7 ぼかさず、断定する

エントリーシートの文章は、断定形で書くのが基本です。あいまいな表現は、読み手を説得できないばかりか、自信のなさを感じさせ、評価が下がる要因になります。よくあるＮＧ例は、「〜ではないかと思います」「〜と思われます」「〜のようです」「〜と考えられます」「〜と感じています」「〜できるはずです」「〜かもしれません」などです。

ＮＧ文例

私の特技は、イラストが書けることではないかと思います。アルバイト先の小売店では、ポスターやポップの制作を任されており、エリア1番の売上達成に貢献できたようです。御社の仕事でも、活かすことができるはずだと自負しております。

➡あいまいな語尾の自己 PR は、自信のなさを感じさせます。

↓

合格文例

私の特技は、イラストが書けることです。アルバイト先の小売店では、ポスターやポップの制作を任されており、エリア1番の売上達成に貢献しました。この特技は、御社の仕事でも生かします。

➡「思います」ではなく、「〜です」と断定形で言い切ったほうが、説得力があります。

8　効果的な空白・改行

重要な言葉は、その前後に適度な余白を設けたり、改行して文頭に配置すると、目立たせることができます。文章は、記入欄をただ文字で埋め尽くすのではなく、可能な範囲で空白をつくり、改行を効果的に使って、読み手に重要ポイントがひと目でわかるようなレイアウトを心がけましょう。WEBの場合は空白・改行が使えないので、代わりに記号等を活用します。

NG文例

御社を第1志望として考えるようになったのは、以下の2つの経験を通してです。①県内の10店舗を見学させていただき、営業の現場を体験したこと。②新宿支店で副支店長の鈴木様から仕事内容を詳しく伺ったこと。

➡記入欄いっぱいに書くと、せっかくの箇条書き部分が文中に埋没してしまいます。

合格文例

御社を第1志望として考えるようになったのは、以下の2つの経験を通してです。

①県内の10店舗を見学させていただき、営業の現場を体験したこと

②新宿支店で副支店長の鈴木様から仕事内容を詳しく伺ったこと

➡箇条書きは、それぞれ文頭から始まるように改行すると目立つうえに、読みやすくなります。

9 具体化と数値化

「行動力があります」「努力家です」などと、抽象的な言葉だけでアピールしても、説得力はまったくありません。具体例を盛り込むこと、数値・データで表すことが大切。たとえば、「体力に自信があります」よりも、「水泳部に所属し、１万メートル泳げます。体力に自信があります」のほうが、数値（データ）もあるので説得力はよりいっそう高くなります。

ＮＧ文例

私は、几帳面な努力家です。物事に取り組む際には、1つ1つのことをきちんとやり通すことを目標にします。計画表を作って、毎日のやるべきことを定めます。私はこのように几帳面に努力することで、御社の仕事でも貢献していきたいと思います。

➡努力家であることを証明する具体例・数字が書かれておらず、何を努力したのか、どんな計画表を作ったのか、読み手は何もイメージできません。

合格文例

◆3年間、毎日家計簿。留学資金を満額貯めた（几帳面な努力家）

私は物事に取り組む際に、1つ1つのことをきちんとやり通すことを目標にします。計画表を作って、毎日のやるべきことを定めます。そして、プラン・ドゥ・チェックの管理を細かく行います。たとえば、家計簿を3年間、毎日欠かさずつけ、留学資金 50 万円を計画的に貯めました。御社の仕事もコツコツ努力し、貢献します。

➡「3 年間」「留学資金 50 万円」など、イメージしやすい数字で説明しました。

➡「家計簿」は几帳面さがなければ長続きしない。よって説得力ある具体例となります。

10　強調はポイントをしぼる

強調箇所が多すぎたり、強調する必要のない言葉を強調すると、アピールポイントが的確に伝わらなくなります。強調は、1つのブロック（段落・枠）につき、多くとも2か所程度にとどめるべきです。通常は見出しで1か所、本文で1か所の計2か所が妥当。それ以上多くする場合は、強調の仕方やレイアウトを工夫して、重要性の順位をわかりやすくする必要があります。

ＮＧ文例

「販売職のアルバイト」をしていました。「シルキー」という商品をお客様に購入していただく仕事ですが、逃げるように立ち去るお客様ばかりで、最初は成果をあげるのが非常に難しかったです。そこで、どうしたら購入していただけるかを学ぶため、東日本で（……）私は「努力することの大切さ」を実感しました。

➡強調箇所が多すぎて、重要なところがわかりにくい。
➡強調する必要のない言葉が強調され、内容が台なしになっています。

合格文例

◆売上目標の2倍を達成（成績トップ社員の販売のコツを実践）
販売職のアルバイトをしました。逃げるように立ち去るお客様ばかりで、最初は成果をあげるのが困難でした。そこで、東日本トップの成績の副店長に指導を仰ぎました。ノート1冊分のコツを伝授していただき、それらを実践しながら身につけ、期間中の売上目標10件のところ、20件を達成することができました。

➡強調箇所を2か所に絞り込み、具体性のある見出しをつけました。
➡アピールポイントを証明する具体例・数値だけを強調しました。

11 1番の強調は文頭、次に文末

言葉の配置（順番）によって、文の中で強調するところを変えることができます。

最も強調したいことを配置するのは文頭で、2番目は文末です。読み手の目に真っ先にふれるのが文頭で、最後に目を通して印象に残るのが文末だからです。自分がいちばんアピールしたいこと、読み手がいちばん知りたいことは、文頭に配置しましょう。見出しにすると、特に強調できます。

ＮＧ文例

高齢社会では、福祉の役割はとても重要です。御社が業界初のサービスを開発していることに感銘を受けました。会社説明会では、佐藤様から仕事内容を詳しく伺いました。福祉事業部の仕事にぜひ取り組みたいです。

➡一般論を文頭に配置しても、高評価は得られません。

↓

合格文例

福祉事業部の仕事にぜひ取り組みたいです。会社説明会では、佐藤様から仕事内容を詳しく伺いました。高齢社会では、福祉の役割はとても重要です。御社が業界初のサービスを開発していることに感銘を受けました。

➡面接官がいちばん知りたい「どんな仕事がしたいのか」を文頭に配置しました。

2

ワンランク上にいく書き方

ここまでで、文章の書き方の基本的なルールは押さえられたはずですが、まだ「受かるエントリーシート」へのスタートラインに立ったところです。文法的にはクリアしていても、読みにくい、伝わらない、印象が悪いなどのマイナス要素が文章内に残ってしまっていては、やはり通過しにくくなります。

このようなNG要素をどのように変えてプラスな文章にするのかは、なかなか独学で身につけるのは難しいでしょう。この章「ワンランク上にいく書き方」を読めば、文章のクオリティがグッと上がるコツをすぐに身につけることができます。

読みやすく、伝わりやすく、印象が良い文章を書くことは、社会人になってからも必須の能力です。ここで、一生ものの文章の書き方を学びましょう。

12 一般的な表現を

その必要もないのに英語で表現したり、仲間うちでしか通用しない用語を使うと、わかりやすく伝える力に欠ける人物として、評価は大きく下がります。短時間で何百ものチェックをする採用担当者には読み飛ばされてしまうこともあります。特殊な言葉は、一般に通用する言葉に置き換えましょう。

NG文例

◆ウイングハットを務め、SV15％アップ

飲食店でアルバイトをしていますが、クルーヘッドとしてウイングハットを務めています。クルーの的確なポジショニング、グリーンクルーのSトレメニューの改革、各商品のウェルカムPRに力を入れ、3か月でSV（セールスボリューム）は15％増えました。

➡マーカー部分は、日本語として一般的でない言葉。「ポジショニング」は「配置」、「SV（セールスボリューム）」は「売上」と表現するほうがわかりやすい。

↓

合格文例

◆店長代理を務め、売上15％アップ

飲食店でアルバイトをしていますが、アルバイトリーダーとして店長代理を務めています。私が力を入れたのは、以下の3点です。

・仕事量の予測に合わせてアルバイト人員を配置

・新人アルバイトの接客トレーニングメニューの改革

・各商品のキャッチコピーを考え、ウェルカムボードでアピール

その結果、3か月で売上は15％増えました。

➡わかりにくい言葉を、一般に通用する言葉に置き換えました。

13 親世代がイメージできる言葉を使う

読み手が知らない単語や、謙虚さに欠ける表現を使ったり、根拠のないアピールをするのは、やめましょう。読み手の共感を得られなくなってしまいます。重要なのは、年配の採用担当者や役員にも容易にイメージできる単語、失礼にならない表現を使うことです。同年代の学生にしか理解できない単語や表現を使っている人が非常に多いので、気をつけてください。

NG文例

学生時代は、ストリートダンスに力を入れました。その結果、強靭な体力を身につけることができました。ダンスグループでは1番の表現力です。だから、御社の営業の仕事でも、必ず1番の社員になってみせます。私には自信があります。

➡年配の面接官はストリートダンスを知らないので、共感が得られにくい。路上で踊っていただけと誤解されるリスクもあります。

➡勢いはあるが、根拠が不明確。企業の仕事を甘くみていると感じられます。

↓

合格文例

学生時代は、ダンスに力を入れました。この結果、炎天下でも8時間踊り続けられる体力を身につけました。腹筋や背筋も、連続100回以上できます。学生の全国大会では、表現力の部で1位になり、表彰されました。御社の営業の仕事でも、1番の社員を目指して一生懸命頑張ります。

➡年配の面接官の共感を得られる表現や具体例で、文章を構成しました。

➡具体的な根拠をあげ、謙虚な表現で、読み手の共感を得られるようにしました。

14 「いろいろ」「さまざま」は×

「さまざまな…」「いろいろな…」「あらゆる…」「たくさんの…」などと書いても何も伝わりません。たとえば、「マイクロソフトのワード、エクセル、パワーポイントを使いこなせます」「ビジネス文書の書き方を学びました」と書けば、読み手にしっかり伝わります。

NG文例

私のセールスポイントは、ゼミでいろいろなことを吸収して、たくさんの知識を身につけたことです。研究のためにさまざまな場所に出向き、数多くの情報を集め、あらゆる角度から分析しました。多面的な立場で見ると、多角的な発見ができることがわかり、よりよいものを生み出す原動力になることを実感しました。

➡マーカー部分が、あいまいな表現。「いろいろなこと」では、何を吸収したのかわかりません。中途半端な自己分析になっています。

合格文例

◆商店街活性化。30の成功事例を比較分析（仕事に役立てます）

地域経済学のゼミに所属し、全国各地の商店街の活性化成功事例を30件、比較分析しました。研究を深めるため、売上増加率が特に高い3地域に出向き、実地調査もしました。各商店や地域経済団体の取り組み、金融機関の取り組みなど、売上増加の秘訣を知りました。御社の仕事に、必ず役立てます。

➡志望企業の仕事に役立つことを軸にして、具体的な内容にしました。

➡「いろいろな…」などの表現をやめ、具体例や数字で説明しました。

15　誇張表現は使わない

アピール力を高めるつもりで、「何事も…」「常に…」「…だれにも負けません」といった誇張表現を使う人がよくいますが、これは逆効果です。たとえば、「何事も最後までやり抜く粘り強さがあります」のように、「何事も」という言葉をつけ加えたとします。採用担当者はこれに対して、最後までやり抜いていないことも必ずあるはずなので、「正確性を欠く、見栄を張った表現をする人」「自分を客観視できていない人」と見なします。

ＮＧ文例

私のセールスポイントは、何事も最後までやり抜く粘り強さです。私は学生時代、サッカーをしていましたが、つらい練習に耐えて努力し、最後までやり抜きました。私は、常に努力し続ける人間であり、努力こそが成功につながる道だと信じています。御社の仕事においても、必ず結果を出します。粘り強さは、だれにも負けません。

➡具体例がなく、マーカー部分のような誇張表現で無理やりアピール力を高めようとしている印象です。

合格文例

◆80人中の11人に選出（初心者から始めてレギュラーに／サッカー）

私は学生時代、サッカー部でした。初心者だったので、入部時はいちばん下手でした。しかし、つらい練習で基礎力をつけ、朝晩の自主練習で足りない技術を補強し、体力を高めた結果、2年後には、80人中11人の中に選ばれました。私は、逆境のときこそ努力する人間です。御社の仕事でも粘り強く努力し、結果を出します。

➡誇張表現をやめ、数値や具体例を核にして、アピールする文章にしました。

16 平凡な比喩を避ける

平凡な比喩表現は厳禁です。せっかくの自己PR・志望動機も、平凡な印象を与えると、読んでもらえなくなるからです。たとえば、自分を「スポンジ・納豆・梅干し・するめ・塩・ひまわり」などにたとえるパターンは使い古され、飽き飽きされています。どうしても比喩を使う場合は、斬新で興味を強く引きつけるものにします。

ＮＧ文例

◆私は納豆のような社員になります。

これは、粘り強く仕事に取り組むということです。私は御社の社員５人とお話しさせていただいたのですが、全員が共通しておっしゃった仕事の秘訣は、「粘り強さ」でした。

➡５人と会ったという高い行動力の事例が、納豆にたとえたことで平凡になっています。

合格文例

◆御社の社員５人と会い、仕事の秘訣を伺う。

御社の店舗見学は12回、本社訪問は2回行い、社員５人とお話しさせていただきました。全員が共通しておっしゃった仕事の秘訣は「粘り強さ」でした。私も心がけます。

➡平凡な比喩よりも、行動力の具体例を文頭に配置したほうが高評価になります。

17 言葉遊びをしすぎない

エントリーシートは、ビジネス文書の一種です。けっして、文学作品ではありません。数字や具体例を交えて、わかりやすく、論理的に書くことが大切です。詩的な表現や言葉遊びは、最小限にとどめましょう。たとえ広告会社や出版社のようなクリエイティブな発想力が求められる企業でも、詩的でわかりにくい文章だと、ビジネスの適性が低いと判断されてしまいます。

NG文例

私はアンテナ。世界に向けて好奇心という名の手を伸ばす。地球を敏感に感じ取り、吸収する。指先はあらゆる文化に触れている。私は街の雑踏を歩き回り、砂漠を吹く風と戯れる。そして、自分に何色もの色を重ねていく。混沌とした環境も、自分の色で染めていく楽しみを知っている。この永遠なる旅、御社でも続けたい。

➡文章のすべてが詩的な表現なので、何を伝えたいのか具体的にわかりません。文学的表現力は、筆記のクリエイティブテストや作文でアピールすることです。エントリーシートの自己PR・志望動機欄には場違い。

↓

合格文例

◆世界12の街をリュックで歩き回る（夜はバスで寝て節約）

アジア、中近東、ヨーロッパの12の街をリュックを背負って歩きました。夜は宿泊費節約のため、バスや電車で移動しながら寝ました。たとえば、タイからトルコへ移動する際は、ほぼバスで寝ました。私は、環境の悪いところでも大丈夫です。このバイタリティで、御社の商品を世界中に売りに出かけます。

➡具体例や数字を使って内容を構成し、アピールポイントをわかりやすくしました。

18 誰でもできることは不要

「笑顔」や「あいさつができる」といった小学生でもできる基礎的な事柄をセールスポイントにすると、幼稚な自己 PR と思われます。

高評価を得るには、「アルバイトで売上トップ賞。目を見て笑顔！でお客様の心をつかみます」のように年齢相応レベルの具体例にします。

NG文例

私のセールスポイントは、笑顔です。家族、友人、先輩、後輩、アルバイト先の同僚、近所の人など、だれからも「私のイメージ＝笑顔」だと言われています。私は親しみやすい印象を持たれるので、だれとでもすぐ仲よくなれます。その理由はもちろん、持ち前の笑顔です。御社においても、私の笑顔でお客様に好印象を与えることができると思います。

➡「笑顔」は、小学生でも書けるセールスポイントなので、書き方に工夫が必要。

合格文例

◆売上トップ賞。「目を見て笑顔！」でお客様の心をつかみます

1. まず、目を見て笑顔でお客様の心をつかむこと。
2. 次に、数字で説明してお客様の信頼を得ること。
3. 他店の価格を把握し、お客様の迷いを断ち、その場で買っていただくこと。

これらを実行し、売上トップ賞を獲得しました。

➡アルバイトで成果をあげたことを軸にし、「目を見て…」という言葉を「笑顔」の前につけて、他の応募者と差をつけました。

19 “自分本位”ではないか

「自分を成長させたい」「福利厚生や働きやすい社風であることが魅力」などのフレーズは、向上心のアピールのつもりで使っても、採用担当者には自己中心的な考え方、甘えがある考え方と思われる危険性があります。一般的に採用担当者は、「自分を成長させたい」と自分のことだけを考えている応募者よりも、「会社を成長させたい」と考えている応募者に、好感を持ちます。

NG文例

私は、優秀な社員が多い御社で、自分を成長させたいと考え、志望させていただきました。先輩社員の指導のもとで、自分の可能性を伸ばしたいです。また、御社は福利厚生制度も整っており、働きやすい社風であることにも、大変魅力を感じております。私は経理部門の仕事ができるならば、どんな努力も惜しみません。御社こそ、自分にとって理想の企業だと確信しています。

➡マーカー部分は、甘えが感じられる表現。
➡「働きやすい社風」を重視すると、仕事への覚悟が感じられません。

合格文例

◆経理部門の仕事に取り組みたいです（簿記2級資格あり）

御社の会社説明会に参加し、経理部門の仕事をしている山本様とお話をさせていただくなかで、御社独特の先進的な手法に大変興味をもちました。私は大学で経営学を専攻しており、日商簿記2級の資格も取得しました。現在は1級取得に向けて勉強中です。御社のお役に立てるよう、一生懸命努力し続けます。

➡仕事に対する抱負・決意をアピールしました。
➡目標に向かって努力していることをアピールしました。

20 アピールポイントを仕事に直結させる

アピールポイントと志望動機には、一貫性が必要です。やりたい仕事に役立つアピールポイントにしてこそ、高評価が得られます。もし、やりたい仕事と関係ない資格をアピールする場合は、その資格取得の勉強に取り組む際の態度や努力、勉強を通じて得た能力（粘り強さ・継続力・集中力・時間活用力）などを書くと高評価です。

ＮＧ文例

私のアピールポイントは、学生時代に創作ダンスサークルに所属し、ダンスの技を身につけたことです。（……）今後も、たくさんの新しい技に挑戦したいと思っています。御社の事務職の仕事で、ダンスで身につけたことを活かして、がんばります。

➡ダンスの技は、事務職の仕事に役立つと判断してもらえません。企業研究・仕事研究をまったくしていないように思われ、評価が下がります。

合格文例

◆捻挫してもチームのために踊り切る責任感（創作ダンス）

学生時代、創作ダンスサークルに所属しました。さまざまなダンスの動作を組み合わせる創作ダンスは奥が深く、身につけるのは大変です。しかし、私はそこに魅力を感じ、努力し続けました。その結果、初心者だった私がステージチーフに抜擢されました。過酷な練習で捻挫したときも、チームのために、痛みをこらえて踊り切りました。ダンスで培った責任感で、御社でもがんばります。

➡「責任感」を軸にして、仕事に役立つアピールポイントにしました。

21 アピールポイントをしぼりこむ

自己 PR の文章の中に“数多くのアピールポイント”を盛り込み順番に説明していく方法で高評価は得られません。その理由は、①1つ1つの説明が中途半端になってしまう、②人物の特徴がぼやけてしまう、③結局何が言いたいのかわからなくなってしまうからです。人間の脳は、一度にたくさんの情報を理解し、覚えることは難しいものです。「1文章で1アピール」を心がけましょう。

NG文例

私のアピールポイントは、4つあります。1つめは、努力家であることです。学生時代にバレエに打ち込みました。2つめは、行動力です。英会話の勉強のため、海外でホームステイをしました。3つめは、書道を8年間続け、字に自信があることです。4つめは、チームワークを大切にすることです。これはボランティアで培いました。

➡4つとも説明が中途半端に終わっていて、説得力がありません。
➡中途半端な説明を次々にすると、結局すべて印象に残らなくなります。

⬇

合格文例

◆ボロボロのバレエシューズ 40 足（歩けなくなるほど練習した）
クラシックバレエの厳しい練習を通して、以下の大切さを学びました。
1. 本番でミスをしないために、いつも本番のつもりで練習を積み重ねること。
2. 体がきつくても、粘り強く練習し続けること。
私の部屋のボロボロのバレエシューズ 40 足。13 年間、毎日努力した証です。

➡題材をクラシックバレエにしぼり、「努力家」のアピールを徹底しました。

22

つかみ・展開・落ちの3段構成で書く

人気企業では、エントリーシートの選考ですでにかなりの倍率になるので、まずまずの文章でも落とされることがよくあります。採用担当者の高評価を得るには、効果的な文章構成「つかみ・展開・落ち」を基本にしましょう。読み手の心に、あなたの印象が強く刻み込まれます。

具体的な例は次の章で詳しく紹介していきますが、ここでは、「つかみ」「展開」「落ち」の効果と重要性を、簡単に解説します。

第1段階　パッと心をとらえる「つかみ」

数多くのエントリーシートを読むことになる採用担当者には、パッと見て、その先を読みたくさせる書き出しが重要です。ファーストコンタクトの瞬間に相手の心をつかむことができなくては、その後は読んでもらえません。自分を知らない相手を、「読んでみよう」という気にさせるには、まず「つかみ」を徹底的に工夫することが重要です。

第2段階　ググッと興味が深まる「展開」

「つかみ」に興味を持ってもらえても、平凡な内容、ありふれた書き方が続くと、5秒もたたずに飽きられてしまいます。したがって、途中の「展開」も徹底的に工夫する必要があります。読み手の興味をさらにかき立てる言葉・内容を盛り込みましょう。

第3段階　ピタッと心に残る「落ち」

印象に残る度合いは、最後の締め方で大きく変わります。テレビドラマや映画、漫画、小説、エッセイなども、ラストシーンには非常に気を遣っています。エントリーシートの文章でも、つかみの言葉と関連させて語呂を合わせたり、熱意あふれる言葉で締めくくったりと、さまざまな工夫ができます。

3

文章の用法

尊敬語や謙譲語の使い方をはじめ、日本語を正しく使えているかどうかで、その人に対する印象・評価は大きく変わってきます。友達同士ではつい使ってしまう「ら抜き言葉」なども、特に年配の採用担当者には気にする人が多いです。

普段から新聞や本を読むなどして自然な日本語を身につけておくことが何よりも大事ですが、ここでは間違えやすいものにしぼって、正しい言葉遣いや漢字の用法を紹介します。

1 尊敬語の使い方

尊敬語は、目上の相手の動作や状態に敬意を示すときに使う言葉です。先生や志望企業の人について、書いたり話したりするときは、尊敬語を使うのが基本です。

ごく基本的な言葉の例だけをあげますので、最低限、OK な言い回しと NG な言い回しを覚えておきましょう。

1 言う

OK　先生が私におっしゃった。

OK　先生が私に言われた。

NG　先生が私に申された。

2 来る

OK　鈴木様がこちらにいらっしゃった。

OK　鈴木様がこちらにお見えになった。

NG　鈴木様がこちらに参られた。

3 食べる・飲む

OK　先生、どうぞお茶を召し上がってください。

OK　先生、どうぞお茶をお飲みになってください。

NG　先生、どうぞお茶を頂いてください。

4 聞く

OK　鈴木様が私にお聞きになった。

OK　鈴木様が私に聞かれた。

NG　鈴木様が私に伺った。

2 謙譲語の使い方

謙譲語は、自分の動作や状態に使ってへりくだることによって、相手への敬意を示す言葉です。ビジネスマナーでは自分の身内についても使い、外部の人に社内の上司や同僚について話すときには、謙譲語が必要です。次の「です・ます」調の言い方を謙譲語にしてみましょう。

1 私はそのことを先生に言いました。

➡ 私はそのことを先生に申しました／申し上げました。

2 明日、御社の説明会に行きます。

➡ 明日、御社の説明会に伺います／参ります。

3 会社までの案内図をもらいました。

➡ 会社までの案内図をいただきました。

4 昨日、鈴木様に会いました。

➡ 昨日、鈴木様にお会いしました／お目にかかりました。

5 私からまた連絡します。

➡ 私からまたご連絡いたします。

➡謙譲語を使いこなせればそれがいちばんですが、無理に使おうとして、伝えたいことがうまく話せなくなってしまっては、意味がありません。自信がない場合は、まずていねいに「です・ます」調で話すことだけ、心がけるとよいでしょう。

また、家族のことを書いたり話したりするとき、「お父さんは」「お母さんは」ではなく、「父・母・兄・姉」と言うようにしましょう。

3 用字・用語の基本

それぞれの言葉に漢字を使うか、それともひらがなを使うかどうかについては、すべてに共通のルールがあるわけではありません。副詞や接続詞などは、むやみに漢字を使わないほうが読みやすい場合が多いです。とくに、出版物を扱うマスコミなどはひらがなを用いる傾向が強いので、意識しておくとよいでしょう。

副（助）詞内の名詞

その内に → そのうちに
彼の為に → 彼のために
考えている所だ
→考えているところだ
1時間位 → 1時間くらい
先程 → 先ほど

副詞

段々 → だんだん
余り → あまり
一層 → いっそう
余程 → よほど
一体 → いったい
如何に → いかに
何故 → なぜ

接続詞

又 → また
尚 → なお
但し → ただし
更に → さらに
若しくは → もしくは

その他

東京迄 → 東京まで
山の様に → 山のように
及び → および
2時間毎 → 2時間ごと

4　「ら抜き言葉」と「さ入れ言葉」

以前からいわれていることですが、最近可能表現の「られる」と「れる」を混同した「ら抜き言葉」を使う人が増えています。「ら抜き言葉」で問題ないとする意見もありますが、就職活動の中では、念のため使わないほうがよいでしょう。とくにマスコミ業界では、正しい日本語を使えるかがチェックされます。

後ろに「〜ない」をつけたときにイ段とエ段で終わる動詞と「来る」は、「れる」ではなく「られる」だと覚えましょう。

×食べれる　→　○食べられる
×載せれる　→　○載せられる
×来れる　→　○来られる
×起きれる　→　○起きられる
×見れる　→　○見られる

○走れる、しゃべれる　など

また、「ら抜き言葉」と同様に、日本語としては少しおかしな表現に、「さ入れ言葉」と呼ばれるものがあります。これは、使役の「せる」と「させる」を混同した表現で、次のような例があります。一生懸命ていねいに言おうとするときに、つい使ってしまうことが多いようです。

×読まさせていただきます　→　○読ませていただきます
×行かさせていただきます　→　○行かせていただきます
×やらさせていただきます　→　○やらせていただきます
×使わさせていただきます　→　○使わせていただきます

「ら抜き言葉」「さ入れ言葉」を多用すると、子どもっぽい印象を持たれてしまいます。マスコミ業界に限らず、年配の人事担当者の中には、このような表現を気にする人が多く見られます。話し方でマイナスイメージを持たれないように、新聞や本を読む機会を増やして、正しい日本語の感覚を身につけておくことをおすすめします。

5 間違えやすい漢字

パソコンの普及によって、私たちが頭と手を使って漢字を書く機会は、ずいぶん少なくなってしまいました。いざ文章を書こうとしたときに、正しい漢字が思い出せないことも多いのではないでしょうか。

しかし、エントリーシートや履歴書など、就職活動の書類では、誤字は基礎学力の欠如を疑われて、評価が大幅に下がる原因のひとつです。初歩的なミスでチャンスを逃すことのないように、必ず辞書を見て確認しながら書類を書き上げるようにしましょう。次の熟語や送り仮名は、よく間違いが見られる例です。確認しておきましょう。

○価値観　×価値感
○完璧　×完壁
○孤独　×狐独
○最小限　×最少限
○成績　×成積
○絶対　×絶体
（○絶体絶命）
○専門　×専問

○特徴　×特微
○不可欠　×不可決
○訪問　×訪門
○例を挙げる　×例を上げる
○過ち　×誤ち
○失う　×失なう
○懐かしい　×懐しい
○短い　×短かい

テッパンの文章構成

2章

1

つかみパターン

何百人、何千人ものエントリーシートを見る人気企業の採用担当者に文章をきちんと読んでもらうには、パッと見て、その先を読みたくさせる書き出しが重要です。

テレビやインターネットで流れるコマーシャルは、印象的なシーンから始まります。小説やスピーチの出だしは、グッと引き込まれる言葉から始まります。自分を知らない相手をファーストコンタクトで「読んでみよう」という気にさせるには、まず「つかみ」を徹底的に工夫することが重要です。

ここでは、使いやすく効果的な「つかみ」の12パターンをあげています。NG文例と合格文例を繰り返し見比べながら、合格パターンを自分のものにしてください。

1 セリフ

文章の出だしを「興味をわかせるセリフ（話し言葉）」にして、読み手の興味を引きつける手法。セリフは、アイキャッチ力が強く、読みやすいので、読み手の心をつかみ、文中に引っぱり込む力が非常に強いです。

読み手がイメージしやすい言葉にすること、感情や五感（視覚・聴覚・嗅覚・味覚・皮膚感覚）に訴えかける言葉で臨場感を出すこと、文章の主題、または主題の伏線となる内容にすることを心がけましょう。

NG文例

私は、飲食店でアルバイトリーダーをしています。開店1時間前から店の掃除をします。たとえ小さなほこりでもお客様の印象を悪くするので、掃除は重要です。大きな成果は小さな仕事の積み重ねと考え、たとえどんな地味な仕事でも全力で取り組むことを心がけています。

➡平凡な出だしなので、興味がわきません。

合格文例

◆「今日も店中、ピカピカにするぞ！」（毎回掃除1時間）
私は、飲食店でアルバイトリーダーをしています。開店1時間前に出勤し、念入りに店の掃除をしています。私は小さなほこりも見逃しません。なぜなら、たとえ小さなほこりでも、テーブルについていたら、お客様の印象を悪くしてしまうからです。大きな成果は小さな仕事の積み重ねと考え、どんな地味な仕事でも全力で取り組むのが、私のモットーです。

➡出だしは、状況をイメージしやすいセリフにして、読み手の興味を引きつけました。

2 造語

文章の出だしを「個性的な造語やおもしろ言葉」にして、読み手の興味を引きつける手法。同時に、アピールポイントも強く印象づけます。シンプルな単語と単語を、今までにない新たな組み合わせにすること。ひねりすぎ、ふざけすぎ、また志望企業の仕事とまったく関係がない内容はNGです。

ＮＧ文例

私は、大学での研究を通して、太陽光発電に興味を持ちました。私は、御社の住宅用太陽光発電システムと蓄電システムの開発に、取り組みたいです。（……）私は、世界中の各家庭の屋根に御社のモジュールが取りつけられるようにしていきたいと思っています。

➡平凡な出だしなので、文章に引っぱり込まれません。

合格文例

◆〝屋根発電〟が当たり前の世の中にしたい！

大学での研究を通して、太陽光発電に興味を持ちました。私は、御社の住宅用太陽光発電システムと蓄電システムの開発に、取り組みたいです。（……）世界中の各家庭の屋根に御社のモジュールが取りつけられるようにして、自分が使う電気は自宅の屋根で発電するのが当たり前の世の中にしたいです。

➡やりたい仕事を「屋根発電」という端的な造語にし、志望企業の採用担当者が一目で内容をイメージできるようにしました。

3　数

成果や取り組んだ数の多さ等を数字でアピールし、努力家であることや仕事能力の高さを感じさせます。このとき、単位や期間を変えるだけでインパクトを強められることがあります。たとえば、新聞記事を１日２枚ずつスクラップしている場合に、「1日２枚のスクラップ」より、「年間700枚のスクラップ」のほうがインパクトが強くなります。

ＮＧ文例

私は文章を書くことは得意ではなかったのですが、大学時代、多くの授業でレポートの提出があり、短時間で文章を仕上げる力を鍛えることができました。ゼミの発表とレポートの締め切りが短期間に集中したときも、4000字のレポートを2日で書き上げました。徹夜で仕上げたこのレポートは最高評価のAを獲得しました。

➡出だしが平凡かつ自己否定的な内容なので、興味を引きつけられません。
➡セールスポイントがわかりにくく、読み手に伝わらない可能性があります。

合格文例

◆ **2日で4000字のレポートを完成しA評価**（仕事は素早く着実に）
多くの授業でレポートを提出するなか、短時間で文章を仕上げる力を鍛えました。ゼミの発表とレポートの締め切り日が重なったときも、4000字のレポートを徹夜して2日で書き上げました。文章は、誤字脱字に気をつけ、わかりやすい構成・レイアウト、読みごたえのある内容を心がけます。このレポートは最高評価のAをいただきました。御社の仕事も、素早く着実に行います。

➡セールスポイントを表す大きな数値を見出しに盛り込みました。
➡仕事でどのように貢献するかを、見出しに（　　）で添え書きしました。

4 率

数ではなく率に換算すると見栄えすることがあります。「売上○倍」のような増加率はアイキャッチとしても効果大。最も効果的な数字を見せられるよう、切り取る単位や期間を工夫しましょう。ただし、根拠は明確に。

NG文例

居酒屋のアルバイトで、店頭で割引チラシを配る仕事を担当しました。私はお客様にチラシを受け取ってもらうにはどのようにすればよいか、工夫に工夫を重ねました。大きく元気な声でお客様に声をかける。お客様の目を見て笑顔で挨拶をする。お客様が取りやすいように、手の前にチラシを出し、4歩いっしょに歩く。これによって、チラシを受け取ってもらえる量は3倍に増え、お客様の来店数も30％増やすことができました。

➡成果が最後に書いてあるので、読み飛ばされる可能性があります。

合格文例

◆来店客数30％アップ達成（私は工夫に工夫を重ねます）

居酒屋のアルバイトで、店頭で割引チラシを配る仕事を担当しました。受け取っていただくため、私は工夫に工夫を重ねました。

①大きく元気な声でお客様に声をかける

②お客様の目を見て笑顔で挨拶をする

③取りやすいように手の前にチラシを出し、4歩いっしょに歩く

チラシの配布量は3倍以上増え、お客様の来店数も30％増えました。

➡セールスポイントを表す大きな数値を見出しに盛り込みました。

5 マイナス

プラスのことから書き出す人が多いなかで、マイナスのことを出だしにすると、非常に目立ちます。また、人間の心理として、マイナス面の理由や背景を知りたくなる傾向があります。文章構成は、マイナスがプラスに転じたことが客観的にわかる具体例を必ず盛り込みましょう。

マイナスといっても、反社会的行動、仕事に大きな支障が生じる病気・けがなどの仕事能力や人間性の重大な懸念材料になることは書かないこと。

ＮＧ文例

玩具店でのアルバイトを始めたばかりのころのことです。お正月にお年玉を手にした子どもたちが大勢やってきて、アニメのキャラクターの名前を口にしてその関連商品を買い求めるのですが、まったくわからず、店長に助けを求めました。それからは、子どもたちの好きなものはしっかり把握しておかなければならな（……）。

➡平凡な出だしなので、文章に引っぱり込まれません。

合格文例

◆店長に助けを求めた自分に幻滅（完璧な商品知識取得を決意）

玩具店でのアルバイトを始めたばかりのころのことです。お正月にお年玉を手にした子どもたちが大勢やってきて、アニメのキャラクターの名前を口にしてその関連商品を買い求めるのですが、まったくわからず、店長に助けを求めました。それからは、子どもたちの好きなものはしっかり把握しておかなければならない（……）。

➡マイナスの言葉を見出しにして、本文には、克服のためにどんな努力をしたかを具体的に書いていきます。

6 質問クイズ

文章の出だしを、「興味をわかせる質問（またはクイズ）」にして、読み手の興味を引きつける手法。クイズの文章そのものがアピールポイントになるようにしたり、答えをセールスポイントにしたりすると、効果的です。

読み手がイメージしやすい言葉を使い、感情や五感（視覚・聴覚・嗅覚・味覚・皮膚感覚）に訴えかけて臨場感を出すように心がけましょう。

ＮＧ文例

大学に入ってからジムに通い、筋トレをすることにしました。全身を鍛えて、たとえば、40kgしか上げられなかったベンチプレスも、80kgまで上がるようになりました。その秘訣は、疲労をためないために隔日で続けること。持ち上げる瞬間に（……）。

➡筋力トレーニングを頑張ったことが文章の中に埋没してしまい、伝わりにくい。

↓

合格文例

◆ベンチプレスの重量2倍アップのコツをご存じですか？
私はジムで筋力トレーニングをして、全身を鍛えています。たとえば、40kgしか上げられなかったベンチプレスも今は80kgまで上がります。その秘訣は、
①隔日で続けること（疲労をためないため）
②持ち上げる瞬間に声を出すこと
③使っている筋肉の収縮を意識すること、です。
全身鋼のような筋肉の体力を生かし、御社の仕事も頑張ります。

➡筋力トレーニングを頑張ったことが端的にわかる質問を見出しにして、伝わりやすくしました。

7 ストーリー

自分の伝えたいこと（自己PR・志望動機）を、物語仕立ての文章にし、最後まで一気に読んでもらえ、印象に強く残る文章になります。

情景描写を工夫して、読み手の頭に絵（イメージ）が浮かぶように書いてみましょう。一方で、物語の構成は、一読（速読）でも内容が理解できるシンプルなものに。

NG文例

私は、新聞配達のアルバイトをしています。配達先の1軒に、大きな秋田犬を飼っている家があります。この犬はとても愛嬌のある犬です。配達に来た私の姿を見ると、いつも起き上がり、大型犬に似つかわしくない声で「わん」とほえるのです。この声がとても（……）。

➡よくありがちな出だしで、エピソードに引っぱり込まれません。

⬇

合格文例

夜明けの、まだ薄暗い道を通り、配達に行く。すると、寝そべっていたその犬はいつも起き上がり、まるでお礼を言っているかのように「わん」と優しくほえてくれる。わずかな時間、しかも相手は犬だが、私にとっては温かい気持ちになれる大切な時間。私は新聞配達のアルバイトにとてもやりがいを感じる。1軒1軒に〝幸せ〟を届けるつもりで、新聞をドアに挟んでいる。
これからは記者となって、私のような新聞配達をしている人が配達しがいのある紙面を、夜を徹して作っていきたい。

➡新聞配達の仕事を情景描写して、興味を引きつけました。

➡志望理由が唐突にならないように、前半の内容と関連させました。

8 音

文章の出だしを、「自己PRや志望動機を表す状況・場面等の音」にして、読み手の興味を引きつける手法。読み手の心の中でその音が響き渡り、印象を強く残す効果があります。

NG文例

小学6年生のとき雑誌で見た御社のアラーム時計を誕生日プレゼントとして父にせがみました。誕生日の朝、何も知らずに眠っていた私の枕元で「この声」が聞こえました。父が、買っておいてくれた時計をセットしていたのです。あのときの喜びは、今でも忘れません。理工学部で学んだことを生かして、御社の時計開発部で（……

➡時計への思い入れも、エピソードと志望動機のつながりも感じにくい。

⬇

合格文例

◆**「ホーホケキョ！」…これはウグイスの鳴き声ではありません！**
今から12年前、誕生日プレゼントとして父親にせがんだ、御社の「目覚まし時計の音」です。鳥の鳴き声をアラーム音として鳴らせることを雑誌で知り、ぜひともほしくなってしまったのです。実は、誕生日の朝、何も知らずに眠っていた私の枕元で聞こえたのが、「この声」でした。父が、こっそりと買い、セットしていたのです。あのときの喜びは、今でも忘れません。私は理工学部で学んだことを生かして、御社の時計開発部で時計ファンのために働きたいと、心から志望しています。

➡志望企業の商品の音（目覚まし時計の音）を見出しにして、志望企業の採用担当者の興味を引き、商品への強い思い入れも伝えています。

9 たとえ話

自分の伝えたいこと（自己PR・志望動機）を、たとえ話で伝えると、イメージが伝わりやすくなり、文章におもしろみが出て、印象に強く残ります。ただし、平凡なたとえは避けること。典型的なNG例は、「納豆→粘り強い」「太陽→明るい性格」「スポンジ→何でも吸収する力がある」など。

NG文例

私は、子どものときからバレエを習い続けてきました。理由は、近所にバレエ教室があったからです。女性ばかりのバレエ団の中で、私はただ１人の男性団員です。バレエをやっていることは、以前は恥ずかしかったのですが、最近はよかったと思っています。バレエをしている男性は珍しいせいか、自分がバレエをしていると言うと、皆が興味を持ち、あれこれ質問されます。初対面の人と（……

➡ただ１人の男性団員というアピールポイントが伝わりづらい。

↓

合格文例

◆ **白鳥の群れに１羽のカラス**（バレエ歴13年）

私は、このようにたとえられています。というのも、女性ばかりのバレエ団の中で、ただ１人の男性団員だからです。私は小学校1年生のときから13年間バレエを習い続けてきました。バレエをしている男性は珍しいせいか、バレエをしていると言うと、皆が興味を持ち、あれこれ質問されます。よって、初対面の人とでも話題に困りません。また、体力・健康・礼儀作法も、バレエを通して培うことができました。

➡オリジナルたとえ話で、読み手の興味を引きつけました。

10 問題提起

文章の出だしを、「読み手が問題意識を感じる出来事や状況、注意、警告、苦言」にして、読み手の興味を引きつける手法。読み手自身に関係や影響があることなので、読まずにはいられなくさせる効果があります。

読み手がどんなことに問題意識を感じるかを考えましょう。客観的な事実・具体例・数値の裏付けをとり、自己PRや志望動機に結びつけることが重要です。ただし、問題提起だけで終わると中途半端な印象を与えます。

NG文例

10歳年の離れた弟がおり、よく昆虫採集につきあいます。驚いたことに、自分が小さいときに遊んでいた森や林のほとんどが、今ではなくなっています。当たり前のように採っていた虫たち（……）。

➡実体験が志望理由や企業の事業内容に結びついていません。
➡志望企業に魅力を感じた理由として、その事業内容について書くべき。

⬇

合格文例

◆一人ひとりが地球温暖化を防がねば、異常気象・食糧不足が深刻化する

10歳年の離れた弟がおり、よく昆虫採集につきあいます。驚いたことに、自分が小さいときに遊んでいた森や林のほとんどが、今ではなくなっています。自分が当たり前のように採っていた虫たちを、弟が探すのに苦労している様子を見て、身近な環境がすでに破壊されてしまっていることに衝撃を受けました。こうした経験から、地球温暖化の防止、CO_2排出量の削減を利益に結びつける御社の事業内容に、大変魅力を感じます。

➡問題提起の内容を、志望企業の経営理念・事業内容と関連させました。

11 語呂合わせ

企業名や商品名、自分の名前などと、自己 PR や志望動機のキーワードを語呂合わせにしたり、掛け言葉にします。

似た手法として、四字熟語やことわざ、格言、名言を言い換える方法や、俳句のように、五七五の音節数で文章を組み立てる方法もあります。

ＮＧ文例

私は、大学では経営学部に所属し、経営学を専攻しています。大学で簿記を勉強したことから興味を持ち、将来、経理・財務業務のプロになりたいと考え、最初に簿記３級を受け、次に日商簿記1級を受けて、資格を取得しました。御社の会社説明会に参加し、経理部門の仕事をしている方とお話しさせていただき、（……）。

➡せっかく簿記１級を持っているのに、気づいてもらえない可能性も。

⬇

合格文例

◆プロになる、決意で取得、簿記１級　（←私の気持ちを川柳で表現）
大学では経営学を専攻しており、将来、経理・財務業務のプロになりたいと考え、日商簿記１級の資格を取得しました。御社の会社説明会に参加し、経理部門の仕事をしている山田信二様とお話しさせていただき、興味を持ちました。御社の経理部門では、他の放送各社にはないスピードマネジメントの手法を取り入れており、その先進性に大変感銘を受けております。

➡簿記１級を持っていることと、仕事に対する熱意を川柳にしてインパクトを出しました。

➡社員名や経理手法などを具体的にあげて、説得力を高めました。

12 不思議

文章の出だしを「不思議なこと（常識はずれなこと、意外なこと）」にして、「なぜ？」「どうして？」という気持ちをかきたて、理由を知るために本文を読まずにはいられなくさせます。つかみを不思議な印象にした場合、本文を読むとしっかり自己PRや志望動機に結びつく内容にすることを心がけましょう。極端に非常識な内容や反社会的な内容はNGです。

NG文例

私は、幼少より大学生の今まで、華道を習っています。毎回、目標時間の中で花や枝を選び、色の取り合わせ、できあがりをイメージし、全体の調和を考えて生け込みます。生けているうちに（……）。

➡よく使う出だしで、華道で培ったことが仕事にどう役立つかわかりにくい。

合格文例

◆私は、お花に育てられました。（段取り力・気配り力がつく）
幼少より10年間、華道を習っています。毎回、目標時間の中で花や枝を選び、色の取り合わせ、全体の調和を考えて生け込みます。生けているうちにしおれてきたりして、最初のイメージと変わることもあり、つけ加えたり、取ったりと、常に気を配って美を創りあげます。私は“お花”のおかげで、段取り力と気配り力を培うことができました。勉強や仕事でも時間配分を考え、細部にも必ず気配りをしています。

➡「お花に育てられた」と、読み手の興味を引きつけつつ、本文を読めば、すぐに共感してもらえる「不思議さ」にしました。

13 旬の話題

人間の心理として、旬な話題には強い興味がわくものです。アイキャッチの効果は、非常に高いです。自己PRや志望企業に関連する話題や出来事をピックアップするのがよいでしょう。採用担当者に読まれるときにも旬であり続ける話題かどうか、よく検討しましょう。

ＮＧ文例

私は、ケーキ屋でアルバイトをしています。毎年クリスマス時期は、いちばん重要なかき入れ時ですが、私はクリスマスケーキ販売の仕事で335個を売り、店の最高売上げ記録を達成しました。（……）
4年次には、さらに多くのケーキを売ろうと思っています。

➡アルバイトの題材でよくありがちな出だしです。
➡ケーキ屋に就職を希望しているかのようで、アピールできていません。

合格文例

◆〝クリスマス商戦〟に勝利しました。（私は営業の仕事に燃えます）
私は、ケーキ屋でアルバイトをしています。クリスマスケーキ販売の仕事で335個を売り上げ、店の最高売上げ記録を達成しました。内訳は予約販売が230個、当日販売が105個です。予約販売のほうが多いのは、競合店にお客様を取られないよう、低コストの予約販売作戦を3種類考え、店長に提案したからです。たとえば、予約時点で特製ケーキが無料でもらえるキャンペーンです。御社の営業の仕事でも、工夫を重ねて頑張ります。

➡年末の時期に提出したので、「クリスマス商戦」を見出しに。
➡クリスマス商戦を重視している志望企業の営業業務を意識しています。

2

展開パターン

せっかく「つかみ」で興味を持ってもらえても、その後が平凡な内容やありふれた書き方になると、かえって採用担当者をがっかりさせてしまいます。途中の「展開」も徹底的に工夫しましょう。読み手の興味をさらにかき立てる言葉・内容を盛り込みましょう。

あいまいだったり、抽象的だったりする内容ではなく、具体例・実績・数値など、説得力のある内容で文章を肉付けしていきましょう。

“強い”展開に使えるパターンをそろえているので、これをベースに自身の経験を当てはめていけば、100倍以上の倍率の人気企業相手でも通用する記述力が身につきます。また、前後にある「つかみ」「落ち」と、どう効果的につながっているか、意識して見てみることも大事です。

ここでは、「志望動機系」「自己PR系」それぞれに使いやすい題材の例もあげています。

1 努力

　文章の展開を、「努力したこと（がんばったこと、心がけたこと、行動したこと、工夫したことなど）」にします。一生懸命努力する社員になることをイメージしてもらえます。困難さが感じられる努力ほど、評価も高くなります。逆に、困難さが感じられないと評価が下がるので、気をつけましょう。

志望動機系の文章の場合

企業研究、店舗見学、工場見学、展示場・ショールーム見学、OB・OG 訪問、会社訪問、インターンシップなどで努力したこと。

自己 PR 系の文章の場合

勉学、習い事、スポーツ、サークル活動、アルバイト、インターンシップ、自分を高めるために行っていることなどで努力したこと。

合格文例

◆ 100 時間集中学習で IT パスポート試験合格（集中力に自信あり）

私は文科系学部の学生ですが、IT の基礎知識は体系的にきちんと身につけたいと思い、国家資格のITパスポートの取得を決意し、100 時間で合格する学習計画を立てました。

・努力1. 毎日、朝食前と夕食前 1 時間ずつの勉強を欠かさない。

・努力2. 理系の友人に深掘り質問して、最新情報や周辺知識も押さえる。

結果、合格を勝ち取り、現在は貴社の仕事で役立つ●●検定の勉強をしています。

➡勉強で努力したことの具体例をあげ、説得力を高めました。

2　成果

文章の展開を、「成果（達成したこと、やり遂げたこと、理解したこと、得たこと、身についたことなど）」にして、読み手の興味を引きつける手法。困難さが感じられる成果や、志望企業の仕事に役立つ成果であるほど、評価も高くなります。「努力」展開同様、困難さが感じられない成果、仕事にまったく役立たない成果だと、評価が下がるので気をつけましょう。

志望動機系の文章の場合

企業研究、店舗見学、工場見学、展示場・ショールーム見学、OB・OG訪問、会社訪問、インターンシップなどでの成果。知識や経験、知り合った人、得た人脈なども含まれる。

自己PR系の文章の場合

勉学、習い事、スポーツ、サークル活動、アルバイト、インターンシップ、自己啓発努力などの成果。失敗して得た教訓や、根性なども含まれる。

合格文例

◆バドミントン歴6年。身につけたのは体力だけではありません

中学・高校とバドミントンに打ち込み、以下のことを身につけました。

1. 自主努力する習慣→**朝練、夜練、休日練習で技術を磨く**

2. 逆境に負けない忍耐力→**打撲や捻挫をしても勝利に執着する。**

3. チームに尽くす精神→**コート整備、大声で応援**

バドミントン魂で、御社の仕事も全力でがんばります。

➡成果、身につけたものの具体例をあげました。

3 理由

文章の展開を、「つかみの文章に対する理由」にして、読み手の興味を引きつける手法。具体性があり、行動力の高さや精神力の強さが感じられる理由ほど、評価も高くなります。

逆に、これらが弱いと評価が下がるので、気をつけましょう。

志望動機系の文章の場合

志望の理由、やりたい仕事の理由、将来のキャリアプランの理由、他社ではなくその会社を選んだ理由など。

自己PR系の文章の場合

勉学、習い事、スポーツ、サークル活動、アルバイト、インターンシップ、自分を高めるために行っていることなどについて、努力した理由や成果をあげることができた理由。身につけた能力・知識・資質・経験が仕事に役立つ理由など。

合格文例

◆営業部門の仕事で、最も貢献できる社員を目指します

御社の商品をお客様に勧めることに大変やりがいを感じます。私はショールーム3か所の見学をさせていただき、御社の各商品を使用して品質の高さを実感しました。世田谷のショールームでは、営業部門の鈴木様から仕事内容、やりがい、困難なことを伺いまして、御社で働きたい気持ちがますます強くなりました。

一番取り組みたいのは営業部門の仕事です。最高の貢献ができるように頑張ります。

➡志望する理由を具体例をあげながら説明しました。

➡直接の見学 / 訪問ができない場合は、社員紹介ページの熟読や Zoom や電話による OB・OG 訪問などでもよい。

4 証明

文章の展開を、「つかみの文章を証明すること（立証するエピソード、裏付け、根拠、具体例など）」にして、読み手の興味を引きつける手法。困難さが感じられる証明内容や志望企業の仕事に役立つ証明内容であるほど、評価も高くなります。

逆に、志望企業の仕事にまったく役立たない証明内容だと評価が下がるので、気をつけましょう。

志望動機系の文章の場合

志望の強さや熱意を証明すること、やりたい仕事に対する自信の裏付けになること、第1志望の根拠となることなど。

自己 PR 系の文章の場合

アピールポイントの裏付けになることや、アピールポイントの実行例など。

合格文例

◆字に自信があります（お客様を字で引きつけます）

1. 書道2段
2. 硬筆書写検定準1級
3. 漢字検定2級
4. アルバイト先では手書きポップ制作担当

デジタルの時代だからこそ、心のこもった手書きの字で差をつけます。

➡つかみで書いた専門能力に対して、証明していく展開。

5 苦難

文章の展開を、「苦難（苦しいこと、難しいこと、つらいこと、大変だったこと）を乗り越えたこと」にして、読み手の興味を引きつける手法。仕事においても、苦難を乗り越える社員になることをイメージしてもらえます。苦難が大きいと感じられる内容ほど、評価も高くなります。

志望動機系の文章の場合

企業研究、店舗見学、工場見学、展示場・ショールーム見学、OB・OG 訪問、会社訪問、インターンシップなどで、苦難や困難、試練、過大な目標を乗り越えた経験。

自己 PR 系の文章の場合

勉学、習い事、スポーツ、サークル活動、アルバイト、インターンシップなどで、非常に苦しかったこと、難しかったこと、つらかったこと、痛かったこと、ショックだったこと、忍耐力・根性が必要だったこと、困難に負けなかったこと、過大な目標を必死で達成したことなど。

合格文例

◆少林寺拳法の猛練習に3年間打ち込み、根性を鍛える

骨が折れる寸前まで手首をひねり上げられ、床にたたきつけられる。顔に上段直突き、腹に中段回し蹴り、足にも下段蹴り。汗が出なくなるまで走り続ける。少林寺拳法部に入りたてのころは、何時間もの痛くて苦しい練習は、ついていくのがやっとでした。しかし、1年後には、さらに厳しい練習を自主的に行うようになりました。

→厳しい環境（部署）ほど成長できます。

➡苦難の具体例をあげることで、精神力をアピールしました。

6 提案

マスコミ、IT、商社、外資、グローバル企業などに効果的な手法です。文章の展開を、「提案（志望企業にメリットがあること）」にして、読み手の興味を引きつける手法。仕事に積極的に取り組む社員になること、発想力のある社員になることを、イメージしてもらえます。提案に積極性、発想力の高さが感じられ、また提案数が多いほど、評価も高くなります。

志望動機系の文章の場合
志望企業で取り組んでみたい、新しい企画・新しい仕事の仕方・新しいビジネスモデルなどの提案。

自己PR系の文章の場合
自分のアピールポイントや強みを生かした貢献の仕方、自分の能力・資質・知識・熱意・経験の仕事への生かし方などの提案。

合格文例

◆学習雑誌の編集業務を志望します（新企画案を10考えました）
学習塾で100人指導した経験をもとに、何十・何百と企画を練っていきたいです。
例1. すぐ思い出せるようになる、ひと工夫（生徒向け）
例2. テストが好きになるイメージトレーニング（生徒向け）
例3. 勉強しろと言わなくても、子どもが勉強する方法（保護者向け）
面接時に企画書を持参します。目を通していただけたら幸いです。

➡新企画案を具体的に3例あげました（残りの7例は、面接時に企画書にして持参）。

7 時間

文章の展開を「時間の流れに沿った内容（キャリアプラン、時系列で表した成果など）」にして、読み手の興味を引きつけます。長期にわたって努力する社員や継続力のある社員、計画性のある社員になることをイメージしてもらえます。

志望動機系の文章の場合

志望企業で、年代ごとに自分が取り組んでみたい仕事や、キャリアプラン、キャリアパス。または、企業研究が深まるにつれて、志望度が強くなったことを示す出来事を時系列表などにする。

例：興味を持ったきっかけ→就職先として意識するようになった出来事→第1志望として意識するようになった出来事。

自己PR系の文章の場合

自分の能力・資質・知識・熱意・経験・資格を得た順に表などにする。

合格文例

◆法人営業部門で長期にわたり、最も貢献する社員を目指します

会社説明会で各部門の方とお話しさせていただき、御社でぜひ働きたく思いました。

1.20代は、法人融資コンサルティング業務で貢献する

2.30代は、資産運用コンサルティング業務で貢献する

3.40代は、M&A業務のプロジェクトリーダーとなり、貢献する

法人営業部門全体に精通するプロフェッショナルになります。

➡時間展開で、キャリアプランの概要をアピールしました。

8 情報

文章の展開を、「採用担当者が興味を持つ情報や、仕事に役立つ情報」にして、読み手の興味を引きつける手法。採用担当者が興味を持つ情報や、仕事に役立つ情報であるほど、高評価が得られます。

逆に、だれでも知っているようなありふれた情報や、仕事に役立たない情報だと、評価が下がります。

志望動機系の文章の場合

志望企業の業務に関連する最新情報、採用担当者が知らないような意外な情報、大学や大学院で専攻していることで仕事に役立つ最新情報。

自己 PR 系の文章の場合

自分の能力・資質・知識・経験・資格などで、仕事に役立つ情報。採用担当者が興味を持つ豆知識や、知らないような意外な情報。

合格文例

◆栄養学のゼミに打ち込む　（2 期連続 A 評価）

食品の研究を行い、人の健康に役立つ多くの最新知識を得ました。

たとえば、

1. ヨーグルトのインターフェロンを増やす働きと発現条件

2. ヨーグルトのがん細胞を殺すナチュラルキラー細胞の増殖作用と仕組み

3. ヨーグルトの発がん性物質を生成する悪玉菌を減らす働きと活性化方法

御社の食品販売の仕事において、ぜひ貢献させていただきたいです。

➡仕事に関連する豆知識をあげました。一般的に採用担当者の年代の人は、がんや生活習慣病の予防に関心が高いです。

9 娯楽

文章の展開を、「楽しく読める内容やユニークな書き方」にして、読み手の興味を引きつける手法。採用担当者が興味を持つ内容や、仕事に役立つ内容であるほど、高評価が得られます。

ただし、極端に不まじめな内容や、非常識な書き方だと、評価は下がります。

志望動機系の文章の場合

志望企業で、取り組んでみたい仕事、挑戦してみたい企画、ビジネスモデルなどを、おもしろい比喩やたとえ話にする。
自由記入欄で文章以外の表現が許可されている場合は、イラストやマンガ、写真を使って表現することもできる。

自己PR系の文章の場合

自分の能力・資質・知識・熱意・資格をクイズにしたり、おもしろい比喩やたとえ話にしたりする。
自由記入欄で文章以外の表現が許可されている場合は、イラストやマンガ、写真を使って表現することもできる。

合格文例

◆人は私を「握力の強い女」と呼びます

さて、ここで問題です。それはなぜでしょうか。
A. ハンドボールをしていたから
B. 腕相撲で男性に勝つから
C. チャンスをつかんできたから
答えは……ぜひお会いしたときに！

➡3つの自己PRをクイズにしました（どの選択肢も正解）。予告的な落ちにつなげています。

10 物語

文章の展開を、「志望動機や自己PR、自分の主張などを物語やたとえ話にしたもの」にして、読み手の興味を引きつける手法。採用担当者が興味を持つ内容や、仕事に役立つ内容であるほど、高評価が得られます。

ただし、不まじめで非常識な内容だと、評価が下がります。

自由記入欄で文章以外の表現が許可されている場合は、イラストやマンガ、写真を使って表現することもできる。

志望動機系の文章の場合

志望企業でやりたい仕事について、それに取り組みたい理由を物語にする。やりたい仕事に取り組んでいる様子を、物語にする。

自己PR系の文章の場合

自分の能力・資質・知識・熱意を物語で表す。自分の能力・資質・知識・熱意・資格が仕事に役立っている様子を物語で表す。

合格文例

手動式のドアの前で、コーヒーカップを両手に抱えた人がいた。
近くにいた私は、そのドアをあけた。
「どうもありがとう」と言われた。
この一言に幸せを感じるのが、私です。

➡つかみから展開まで物語調で一貫させました。分かりやすい短文で、情景が目に浮かぶように記述してインパクトを出しています。

11 類例

文章の展開を、「文章の前半に書いたアピールポイントの類例」にして説得力を高める手法。

これは、起承転結の文章構成法の１つで、「転」の部分に、「起承」で主張したことの類例を配置し、「結」（結論）を２回例証し説得力を高める書き方です。面接で、さらにもう一つ別の類例をあげるのもおすすめです。説得力は極めて強固なものとなります。

志望動機系の文章の場合

まず、志望の理由を述べる。次に、その志望の理由と同じ主張の類例をあげる。熱意が強調され、志望動機の説得力が高まる。

例：支店見学をして仕事内容に感銘した→OB・OG 訪問でも仕事内容に感銘を受けた

自己 PR 系の文章の場合

まず、勉学・習い事・スポーツ・サークル活動・アルバイト・インターンシップ・自分を高めるために行っていることなどを題材として、自己PR をする。次に、その自己 PR と同じアピールポイント類例をあげる。

例：体力について、スポーツを題材にアピールし、さらにアルバイトを題材にアピールする

合格文例

◆翌朝6時まで残業するバイタリティ

電子部品製作会社で、アルバイトをしていました。仕事量は波があり、2～3時間の残業は当たり前、8時間以上の残業で翌朝6時まで働くことも、たびたびありました。また、大学のゼミで教授から急な実験の要請があれば、実験室に泊まり込み、徹夜で集中的に仕上げ、いちばん早くレポートを提出しています。

御社の仕事でも、強靭なバイタリティでがんばります。

➡アルバイトとゼミの２つで例証して説得力を高めています。

12 反論

文章の展開を、「文章の前半に書いた内容の反論と、その反論に対する否定」にして、説得力を高める手法。これは、起承転結の文章構成法の一種で、「転」の部分に、「起承」で主張したことの反論とその否定を配置し、「結」の説得力を高める書き方です。

つまり、主張に対する反論を否定することによって、主張の正しさが強調されることになります。

志望動機系の文章の場合

まず、志望の理由を述べる。次に、その志望の理由と一見矛盾すること（反論）をあげる。しかし、じつは矛盾していないことを述べる。

例：広告の仕事がしたい→大学ではビジネス系の専攻ではなく、近代史の専攻である→近代史で学んだ内容に広告に大変役立つことがある

自己 PR 系の文章の場合

まず、勉学・習い事・スポーツ・サークル活動・アルバイト・インターンシップ・自分を高めるために行っていることなどを題材として、自己 PR をする。次に、その自己 PR の反論をあげる。そして、その反論が間違っていることを述べる。

合格文例

◆1枚の伝票の大切さを知っています

会計事務所でアルバイトをしています。1日に処理する伝票は多い日は 1000 枚を超えます。絶対にミスは許されないなか、私は1枚1枚を素早く、かつ、正確に処理するコツを身につけました。伝票の処理くらい大したことない、と考える人もいるかもしれませんが、私はそうは思いません。1枚のミスは全体のミスになります。
私は御社の仕事でも「素早く、正確に!」を必ず実践します。

➡伝票処理は大したことではない、という論を否定する構成。

3

落ちパターン

そのエントリーシートが印象に残るものかどうかは、最後の締め方で大きく変わります。テレビドラマや映画、漫画、小説、エッセイなどのラストシーンへの力の入れようをみてもそれはわかります。エントリーシートの文章でも、つかみの言葉と関連させて語呂を合わせたり、熱意あふれる言葉で締めくくったりと、さまざまな工夫ができます。

つかみと展開がバッチリ、かつ、最後もうまい「落ち」でまとめると、人気企業の採用担当者に対しても、抜群に良い印象を与える文章となります。エントリーシートは面接へつながる選考ですから、「この人に会いたい」と思わせ、面接が有利に進められる「落ち」で結びましょう。

1　決意

文章の書き終わりを、「やりたい仕事に対する決意の言葉」または「仕事能力を高める決意の言葉」にする手法です。一生懸命働く社員になることをイメージしてもらえます。「よろしくお願いします」「お役に立ちたいです」「貢献させていただきたいです」といった言葉を添えるとソフトな印象になります。

NG文例

◆法務部を志望します

……）御社は、数あるソフト開発会社の中でも、非常にユニークな製品をこれまで開発されてきただけに、知的財産権保護には特に神経を使っていらっしゃると、会社説明会の際に社員の方に伺いました。私は法務部を志望していますが、これからは知的財産保護の取り組みが、企業の生き残りの上でも必要不可欠になるように思われます。

➡「落ち」が弱く、せっかくよい内容でも評価が下がってしまいます。

合格文例

◆法務部を志望します

私は大学で、特許法や意匠法など、知的財産権に関する世界各国の法律を専門に研究しました。御社は、数あるソフト開発会社の中でも、非常にユニークな製品をこれまで開発されてきました。それだけに、知的財産権保護には特に神経を使っていると、会社説明会の際に鈴木一郎様から伺いました。私は法務部を志望します。

➡「つかみ」と関連する「落ち」で、入社後の決意を述べました。
➡話を聞いた社員の氏名を表記して、説得力を強めました。

2 豪語

文章の書き終わりを「豪語の言葉」にして、読み手の印象を高める手法。内容は、本当かどうか面接で実際に確認したくなることにしましょう。「面接でやってみせます」「面接でご覧ください」などと書き添えます。

NG文例

私は、御社の掲げる経営理念に共感を覚えました。幅広い事業展開の御社では、(……) この理念が具体的な戦略に結びつき、日々の企業活動が行われているのは、すばらしいことだと思います。このことは会社説明会、工場見学、店舗見学で御社の社員とお話しして感じました。ぜひ御社の一員として働いてみたいと思いました。

➡出だしの「経営理念に共感」は、WEBサイトを見るだけで言える平凡な内容。
➡結びの抱負の言葉もだれでも言えることで、工場見学、店舗見学で社員と話したことが、文中に埋没していてもったいない。

↓

合格文例

会社説明会、工場見学、店舗見学で社員6人とお話しして、御社の掲げる経営理念に共感を覚えました。お客様に対してよりよい商品を提供するのはもちろんのこと、「食」を楽しむことを追求する姿勢が、とても印象的です。クオリティの高い商品の提供、顧客満足度を高めることを理念として掲げ、この理念が企画、製造、販売の各戦略に結びついているのは、すばらしいことです。
→御社の経営理念に沿った商品企画案を20例考案。面接でご覧ください。

➡20例も本当に考えたのだろうか、と疑問を持たせ、強い印象を残しました。

3 予告

文章の書き終わりを「面接で行うことの予告」にします。最後に次回の予告をすることは、テレビドラマや漫画、小説などでよく使われる手法です。

内容は、自己PRの実演や企業研究レポート、ビジネスモデルレポートの持参などです。面接官の興味を引くものであるほど効果的です。

NG文例

……）御社の電子辞書を日々活用しています。購入する際には、家電量販店の電子辞書コーナーで、すべての電子辞書を比較、検討しました。購入後は、研究室のメンバー数人で改善点や開発目標を理工学的な見地から分析したり、電子辞書に求める新機能について多くの学生に聞いたりもしました。

➡電子辞書について3通りもの調査をしているのに、それを強調しないのはもったいない。

➡結びの最後が、聞いたことだけで終わっており、中途半端です。

合格文例

◆御社の電子辞書の開発部門を志望します

私は理工系ですが、英語の学習にも力を入れました。教材として御社の電子辞書を日々活用しています。①購入する際には、すべての電子辞書を比較検討しました。②購入後、研究室のメンバー数人で改善点や開発目標を、理工学的な見地から分析しました。③学生20人に電子辞書に求める新機能についてアンケートをとったところ、大変興味深いデータが収集できました。①、②、③はレポートにまとめました。面接の際に持参します。

➡3種類の調査に番号を振って強調しました。結びでレポートの持参を予告。

4 お礼

「企業や社員、採用担当者に対するお礼や感謝」で結び、礼儀正しさや人柄のよさを感じさせます。お礼の相手は、会社説明会でお世話になった採用担当者（個人または全員）、OB・OG 訪問や店舗見学、会社訪問などでお世話になった社員（会社全体、社員全員）など。

NG文例

私は大学1年次、2年次に各種旅行ツアーに参加して旅行の魅力について知りました。また、旅行会社の社員の方々の気遣いで旅行が何倍も充実することを実感しました。（……）一人ひとりのお客様に合わせて魅力的な旅行プランを提案することで、幸せな時間を過ごしていただきたいと考えております。

➡参加した旅行ツアー、社員の気遣い、どちらも具体的でないので、読み手に伝わりにくい。結びの文章も、多くの受験者が書く内容で印象に残りません。

↓

合格文例

◆お客様のために誠心誠意、努力する社員になります（理想は木村様）

旅行会社で働きたいと思ったとき、真っ先に頭に浮かんだのが御社でした。理由は、今までにいくつもの旅行会社を利用してきたなかで、御社の企画したツアーが、いちばん心に残っていたからです。とくに、2年前に友人と参加した沖縄ツアーでは、途中暑さで体調を崩したとき、添乗員の方がわざわざ薬局に寄り、薬を購入してくださいました。細やかな気遣いをしていただき、本当に感激しました。あのときの添乗員の木村次郎様には、今でも心から感謝しております。

➡「感謝の言葉」で文章を締めくくり、見出しにも、お世話になった社員名をロールモデルとしてあげました。

5 褒め

書き終わりを、「相手のよいところを賞賛する（ほめる）言葉や、飛躍・発展・成功を確信している言葉、信頼や尊敬の言葉」にする手法。創業者への賞賛や尊敬、企業理念・経営方針・計画への賞賛も効果があります。

ただし、具体的な事例、数値、情報ソース等を根拠として挙げることが必要不可欠です。そうしてこそ、心から賞賛していることが伝わります。

ＮＧ文例

◆御社の姿勢に感銘

……）御社が何十年も前から発展途上国に経済的な支援を行っていると聞きました。自社の利益優先の企業が多いなか、御社のような企業があることを知って驚きました。私は、御社のような企業がもっと世の中に増えればよいと思います。

➡あいまいな内容が多く、結びの言葉にも、志望の熱意が感じられません。

⬇

合格文例

◆〝発展途上国との共栄〟の経営理念に感銘

大学のボランティアプログラムに参加した際に、担当教授から、御社がフェアトレードの推進に力を入れており、18年も前から発展途上国に経済的な支援を行っていると聞きました。その後、JETRO等で内容を詳しく調べさせていただいたのですが、自社の利益しか考えない企業が多いなかで、御社のような企業があることを知って大変驚きました。

御社は、日本が世界に誇るすばらしい企業です。心から志望します。

➡「18年も」「JETRO等で」などと具体的な記述で企業を褒めました。

6 戻り

文章の前段で使ったキーワード、またはそれと似た言葉や関連した言葉で最後をまとめる手法。①文章の前段のキーワードと同じ言葉（例：優勝→優勝)、②同じ漢字が含まれる熟語（例:石材→盤石)、③逆の意味の修飾語（例:最悪な２年間→最高の２年間)、④同じ韻の言葉（例：一語一絵→一期一会)、⑤時間の経過（例：種→花)、⑥連想される言葉（例：富士山→高い)、の６種類があります。

ＮＧ文例

◆フィットネスジム店のアルバイト（1日100人以上接客）

私はフィットネスジム店でアルバイトをしていますが、1日100人以上接客をします。（……）そんな方でも、目を見て笑顔で「会員証をお作りいただけないでしょうか」と心を込めて語りかけると、進んで作ってくれます。私は接客の基本の「き」を、実践を通して学びました。これは御社の仕事でも役立つと思います。

➡アピールポイント（目を見て笑顔）が文中に埋没して印象に残らない。

↓

合格文例

◆〝相手の目を見て、笑顔〟（1日100人以上接客）

私はフィットネスジム店のアルバイトで、1日100人以上接客をします。なかには、会員証が必要だと言うだけで機嫌を悪くする短気な方もいます。しかし、そんな方でも、目を見て笑顔で「会員証をお作りいただけないでしょうか」と心を込めて語りかけると、進んで作ってくれます。私は接客の基本の「き」を、実践を通して学びました。御社の仕事でも〝相手の目を見て、笑顔〟を常に心がけます。

➡見出しのアピールポイントを落ちにも配置して、強調しています。

7 まとめ

本文の内容が難解な場合や、アピール要素が多くて複雑な場合は、最後をわかりやすいまとめで終えるとよいです。「最後に一言で表すと、……です」、……です」、「以上をまとめると、……です」「最も重要なことは……です」など。

NG文例

大学では、美学を専攻しています。美学とは、〝美とは何か?〟について考える（……）人は基本的に、醜いものよりも美しいものを好みます。消費者が商品を選ぶ場合にも、形や色が美しいと感じるものを、真っ先に手に取るのではないでしょうか。〝美とは何か?〟この哲学的なテーマの探究の中に、私は企画の仕事に役立つ要素を感じています。

➡美学の知識を何の仕事に生かすのか。目的意識／志望熱意が希薄。

合格文例

◆美学の知識は、企画の仕事に役立ちます（御社の企画職志望）
大学では、美学を専攻しています。美学とは、〝美とは何か?〟について考える学問です。ビジネスでは何の役にも立たないように思われるかもしれませんが、人は基本的に、醜いものよりも美しいものを好みます。消費者が商品を選ぶ場合にも、形や色が美しいと感じるものを、真っ先に手に取ります。つまり、美学を学んだことにより、
→消費者の選択行動を感性・本能の面から理解できます。

➡書き出し（見出し）に企画系志望であることを明記して熱意を表しました。
➡消費者の商品選択行動を「まとめの形」で落ちにも配置して強調しました。

8 セリフ

「決意表明や努力の成果を表すセリフ」でまとめ、読み手の印象を高める手法。アイキャッチ力が強く、読みやすくなります。
①決意表明のセリフ（御社でナンバーワンの……を目指します）、②努力の成果を表すセリフ（一番辛い練習をしたからこそ、勝利できたと思います）、③他人から認められたセリフ（コーチから言われました。「社会に出ても、その柔道魂を忘れるな！」）などのまとめ方があります。

NG文例

私はサッカー部に所属していたのですが、（……）大きなプレッシャーが私にのしかかった瞬間、仲間が大きな声で私を勇気づけてくれて、チームに勝利をもたらすことができました。このときの経験が、1番を目指して一番努力する大切さを教えてくれたのです。

➡せっかくの良い内容が、よくある平凡な結びなので、印象に残りません。

⬇

合格文例

◆私を一番困難な仕事に配属して下さい。（サッカー魂で働きます）
サッカーの地区大会の決勝戦でのこと。試合がもつれ、同点のままＰＫ戦で決着をつけることになりました。相手が1人ミスして、最後に自分のける番が回ってきました。これを入れれば優勝が決まるという、重いプレッシャーがのしかかった瞬間、仲間の一声「このチームで一番努力したのはお前だ！必ずできる！」で自信を持ってけることができ、チームに勝利をもたらすことができました。御社の営業の仕事でも「一番努力する社員になります！」

➡「セリフ」を効果的に使うことで、興味をそそり、筆者の努力を実感できる文章になりました。

9 提案

書き終わりを、提案型の内容にします。最後に読み手に関係するものになるので、強くアピールできます。栄養学が専門なら、「毎日納豆を１パック食べると、血圧が……するメリットがあります。いかがでしょうか」など、役立つ情報を提供するのがポイントです。

ＮＧ文例

私は、小学校のときから8年間書道を習いました。3段の腕前です。（……）アメリカに短期留学した際、学校祭で書道を披露することにしました。舞台の上で日本の音楽にのせ、何メートルもある紙に大筆で字を書くパフォーマンスをしました。鳴りやまない拍手とアンコールの声に、人の心を動かす楽しさを知りました。

➡経験が仕事にどう役立つのか伝わりません。

↓

合格文例

◆アメリカで書道のパフォーマンスをしました（書道歴8年）
アメリカに語学留学した際、日本の芸術を伝えたいという思いから、学校祭で書道を披露しました。舞台の上で日本の音楽にのせ、何メートルもある紙に大筆で豪快に字を書くパフォーマンスをしました。鳴りやまない拍手とアンコールの声に、人の心を動かす楽しさを知りました。御社の店舗見学の際、手書きの宣伝ポップを多数拝見しましたが、ぜひ私にも書かせていただけないでしょうか。何十通りもの書き方ができます。

➡アピール点を伝わりやすくし、仕事に役立つような提案でまとめました。

10 名言

「志望企業の社長・創業者の言葉、経営理念、商品広告のキャッチコピー、格言、ことわざ、偉人の言葉の引用」でまとめ、説得力と威厳を持たせます。受験先企業の社長の言葉の引用、創業者の言葉の引用は、特に熱意が伝わります。WEBサイトや新聞、本などで探すとよいです。

NG文例

（……）創業者のご著書である『我が半生』に大変興味が湧き、大学の図書館で探して開いたところ、私の気持ちを励まし、奮い立たせてくれる言葉が目に飛び込んできました。（……）以来、『我が半生』は私のバイブルとなり、創業者の心を固く守り続けてきた御社が第一志望になりました。御社で日々努力し、未来を拓きます。

➡創業者の言葉の具体例がないので、印象が薄くなります。

⬇

合格文例

◆志望のきっかけは、貴社の創業者のご著書を読んだことです

創業者のご著書である『我が半生』に大変興味が湧き、大学の図書館で探して開いたところ、「歩まない者に道はない」という叱咤激励の言葉が目に飛び込んできました。新型コロナウイルス感染が日々拡大していく中で、学園祭実行委員としてオンライン学園祭を成功させることに悩みを抱えていた私は、創業者の力強い言葉に勇気づけられました。以来、『我が半生』は私のバイブルとなり、創業者の心を固く守り続けてきた御社が第一志望になりました。「歩まない者に未来はない」。私は御社で日々努力し、未来を拓きます。

➡文中と落ちの2か所に創業者の言葉を配置して、説得力を強めました。

11 依頼

書き終わりを採用担当者に対する依頼や要望の言葉にして、積極性・行動力の高さ、度胸・熱意の強さを感じてもらいます。自分勝手なものはNG。自己PRの場合は面接で説明・実行できるもの、志望動機の場合は「○○の部署に配属してください」などと熱意が伝わるものがよいです。

NG文例

◆去年の夏は、山でアルバイトをしました
標高3000 m。日本でも有数の高地にある山小屋、穂高岳山荘。私はそこで、8月1日から31日間、寝泊まりしながら働きました（……）つらくて逃げ出してしまうアルバイト従業員も、珍しくありません。しかし、私は不屈の精神力で働き続け、任期を全うしました。私はどんな環境でも働き続けることができます。

➡結びも、全体的にも、志望企業に的をしぼったメッセージになっていません。

⬇

合格文例

◆31日間連続で、職場に寝泊まりして働きました（任期を全う）
標高3000 m。日本でも有数の高地にある山小屋、穂高岳山荘。私はそこで、8月1日から31日間、寝泊まりしながら働きました。夏でも氷が張り、残雪に覆われている厳しい環境の中で、早朝から深夜まで仕事づけの毎日。つらくて逃げ出すアルバイト従業員も、珍しくありません。しかし、私は、不屈の精神力で働き続け、任期を全うしました。私を海外プラント事業部に配属してください。

➡結びを志望企業に的を絞った依頼のメッセージにしました。
➡海外業務には泊まり込みの調査や作業があると調べていることもアピール。

12 笑い

ユーモアのセンスを感じさせる言葉や内容でまとめる手法。マスコミ、各業界の企画職、広報職、クリエイティブ職、営業職などで、とくに効果的です。

ただし、主題と関係のない内容や自虐的な内容、不まじめな内容は逆効果。志望動機や自己 PR と連動した掛け言葉や語呂合わせにするとよいでしょう。

NG文例

◆いつも笑顔で接客しています

ファーストフード店で、アルバイトリーダーを務めています。①すべてのお客様を大切にお迎えしたい。②お客様に気持ちよく食事をしてもらいたい。③「また食べに来たい!」と思ってもらいたい。④職場に活気を出したい。以上の思いから、お客様一人ひとりに笑顔で接しています。情熱と努力はだれにも負けません。

➡結びがよくある「精神論メッセージ」で、印象に残りにくい。

合格文例

◆「笑顔 500 回」(リーダーとして売上アップに貢献)

半日で 500 人のお客様が来店される、ビジネス街のファーストフード店で、アルバイトリーダーを務めています。①すべてのお客様を大切にお迎えしたい。②お客様に気持ちよく食事をしてもらいたい。③「また食べに来たい!」と思ってもらいたい。④職場に活気を出したい。以上の思いから、お客様一人ひとりに笑顔で接しています。すると、スマイルは定価0円、無料提供なのに、お客様は 100 円~ 200 円余計に買って下さいます。

➡数字を用いて説得力を持たせつつ、おもしろみのある対比を交えました。

4

「つかみ・展開・落ち」を使った16パターン

ここまで学んできた、訴求力バツグンの「つかみ」「展開」「落ち」パターンを駆使して書かれた記入例をさらに紹介していきます。「つかみ」も「展開」も「落ち」も、それぞれ単体で使っても他との違いを見せられる力を持っていますが、組み合わせて活用することで、より隙のない文章にまとめることができます。

16 パターンを全てマスターする必要はありません。使いやすいパターンを 2、3 程度選んでください。そして、自分の言葉に置き換えて使用するだけで大丈夫です。人気企業の高倍率のエントリーシート審査にも余裕で受かるようになります。

1　ナンバーワン

何らかの分野において、一生懸命努力し、ナンバーワンになったことをアピールします。志望企業の仕事に役立つ内容（アピールポイント）にすることが大切です。

ＮＧ文例

今夏、ビジネスモデル構築スキル向上を謳ったインターンシップに参加しました。内容は、パンデミック下で高収益の新規ビジネスモデルを考え、それを役員にプレゼンするコンペです。私は、多くの文献を読んでニーズを分析し、ある取引先企業とコラボレーションするアイデアを考えました。そして、説得力を高めるために、様々なデータを探してアイデアの根拠として活用しました。プレゼンテーションは、パワーポイント資料作成を工夫して、ライバルと差別化を図ったところ、ついにトップ賞を獲得しました。

➡成果（トップ賞）を最後に書くと目立たないので、読み飛ばされてしまう可能性があります。

➡努力したことが具体的に書かれていないので、リアリティと説得力がありません。

POINT

- ゼミや授業、サークル、アルバイトなどの些細なこと、短期間のこと、小さな大会の1位でもOK。
- 仕事においてもナンバーワンを目指して頑張ることを印象づけられるとよい。
- 些細なことを題材にする場合は、小さなことでも手を抜かずに取り組む姿勢を印象づければよい。

合格文例

◆仕事で1番の成果をあげる（インターンシップでトップ賞）

今夏、ビジネスモデル構築スキル向上を謳ったインターンシップに参加しました。内容は、パンデミック下で高収益の新規ビジネスモデルを考え、それを役員にプレゼンするコンペです。私は、この企業と数社の取引先の経営計画とプレスリリースを分析し、某IT系の取引先企業とコラボレーションするアイディアを考えました。説得力を高めるために、政府白書やシンクタンクのデータを使いました。プレゼンテーションは、パワーポイント資料作成に工夫を凝らしてドラマのシーンのように行いました。その結果、実務性、独創性、表現力で高評価を得て、トップ賞を獲得しました。

御社の営業の仕事でも、1番の成果をあげるべく一生懸命努力します。

➡成果（トップ賞）を最初に書いて目立たせました。

➡努力したことを具体的に書いて（経営計画、政府白書…）、リアリティと説得力を高めました。

2 高い志

「仕事に対する高い志や大きな目標・熱い意気込みの言葉」にして、読み手の興味を引きつける手法。猛烈に働く社員になることを、イメージしてもらえます。

NG文例

貴社のWEBサイトで、貴社が開発した「介護ロボット」のページを読み、大変関心を持ちました。この「介護ロボット」をいち早く導入した介護施設の職員の使用報告書に書かれていたことに感銘して、使命感を持って取り組みたい仕事だと感じました。高齢化が進んでいるので、「老老介護」の問題は年々深刻化の度合いを深めています。両親や配偶者の介護、そして自分自身ですら、遅かれ早かれ当事者として関わる可能性があるのが現実です。私は、貴社の「介護ロボット事業」の推進に共感しました。関わることができたらと思います。

➡話が抽象的で説得力が低い。裏付けとなるデータや引用元を具体的に書いたほうがよいです。

➡抱負の言葉が、曖昧かつ弱い表現（共感、関わることができたら…）なので印象に残りません。

POINT

- 高い志を持った理由が深い企業研究に基づいていると、説得力が高まり、志望熱意も感じられる。
- 根拠となるデータや引用元のことを具体的に書くとよい
- 志が極端に高いと、読み手の興味を引きつけられる一方、実現の可能性を疑われる危険性がある。したがって、本文中で、経験談か、猛烈な努力ができる根拠を述べる必要がある。。

合格文例

◆日本と世界の「老老介護問題」を貴社商品で解決したい。
2021 年 8 月 18 日付のニュースリリースを拝読し、貴社が開発した「介護ロボット」に関心を持ちました。この「介護ロボット」をいち早く導入した全国 30 の介護施設の職員の使用報告書に感銘し、使命感を持って取り組みたい仕事だと感じました。「老老介護」の問題は年々深刻化の度合いを深めています。厚生労働省の 2019 年の調査によるとお互いに 65 歳以上の「老老介護」の割合は 59.7％。両親や配偶者の介護、そして自分自身が…。遅かれ早かれ、誰もが当事者として関わる可能性があるのが現実です。日本と世界の「老老介護問題」を解決するために、貴社の「介護ロボット」の営業に全身全霊で打ち込みます。

➡裏付けとなるデータや引用元を具体的に書いて、説得力を高めました。
➡力強い抱負の言葉「高い志」を、つかみにも落ちにも配置して、二重に強調しました。

3　先駆者

「先駆者となった題材」にして、読み手の興味を引きつける手法。ある物事をはじめて達成した人は、積極性・チャレンジ精神・ベンチャー精神・向上心等が強いというイメージを持たれます。この手法は、企業広告にもよく使われています。たとえば、「日本人ではじめて○○達成」「世界初の○○機能搭載」などです。

NG文例

私は、近所のスーパーでアルバイトをしています。レジや品出しなど、幅広く担当しています。ちょうど皆既日食の1か月前あたりから、それに関連する商品が納品されてきました。私は、すべてただバラバラに置かれているのを見て、店長に日食を特集した専門のコーナーを設けて、まとめて置いてはどうかと提案しました。提案が受け入れられて〝日食・特設コーナー〟を作ることになり、結局、関連商品は3倍以上売れました。すると、近隣のスーパーも真似をして、同じようなコーナーを設置しました。

➡とてもよいアピール内容（自ら提案、3倍以上売れた）なのに、文中に埋没して目立たなくなっているのは大変もったいない。

POINT

- 「他者に先駆け、自ら率先して実行する」という行動特性は、採用担当者に高く評価される。
- プラスの成果が上がったことならば些細なことでもOK。アルバイトやサークル活動、課外活動、ゼミ等で、先駆けて実行したことがないか振り返ってみる。
- 新規事業の立ち上げに力を注いでいる企業、事業の拡大や店舗拡大を進めている企業、ベンチャー企業などには特に効果的。

合格文例

◆他店に先駆け、特設コーナー作り（売上3倍UPに貢献）

近所のスーパーでアルバイトしています。ちょうど皆既日食の1か月前あたりから、それに関係するムックやグッズが納品されてきました。私は、すべてバラバラの棚に置かれているのを見て、店長に日食を特集した専門のコーナーを設けることを提案しました。『日食・特設コーナー』は私が作ることになったのですが、結局、関連商品は3倍以上売れました。すると、近隣のスーパーも真似をして、同じようなコーナーを設置しました。

➡他店に先駆け、自ら率先して行ったことを見出しにして、興味を引きつけました。

➡「売上３倍UP」という成果を見出しに盛り込み、説得力を高めました。

4 コツコツ努力

「コツコツ努力を積み重ねたこと、まじめに努力し続けた経験・成果」を伝えることで、仕事でも努力を積み重ね、堅実に働く人であることをイメージしてもらえます。

たとえ派手に見える職業でも、実際の業務は地味な仕事が大半を占めているものです。また、新卒採用では、即戦力になるかどうかよりも伸びしろを重視するため、努力の結果、大きく進歩したり結果を出したという事実は、採用側にとって大きな魅力です。

その意味では、どの業界に対しても効果がある手法です。

ＮＧ文例

私は、毎日コツコツ努力することの大切さ、それから、長期間努力を継続することの大切さを知っています。というのは、英語の学習を3年間、毎日継続してやっており、その結果、TOEIC のスコアを毎年 100 点以上、増やし続けることができたからです。今後、社会人になってからも、毎日努力を積み重ね、能力の向上を目指したいと思います。

➡抽象的で、ありきたりの出だしなので、興味を持たれません。
➡結びの抱負の言葉が、志望企業に向けたメッセージになっていません。

POINT

- 努力の期間、頻度、継続性、困難や逆境に負けずに続けたことが、実績、成績、進歩の度合い、増加時、増加数などの裏付けをもって客観的にわかるようにする。
- 具体例や数字の裏付けがきわめて重要。

合格文例

◆3年間、毎日の学習を欠かさず、英語力をビジネスレベルに（TOEIC830点）

ビジネスレベルの英語力習得を目標にして、毎日必ず行う英語学習課題を自らに課しました。①朝、英字ニュースを読む。②日中、留学生の友人と英語で会話。③夕、TOEIC対策のテキストを学習。④夜、オンライン英会話を受講。3年間、何があっても欠かさず努力し続けた結果、1年時130点UP、2年時120点UP。3年時は130点UPで830点に到達しました。この努力を通して、地道な努力を継続してやり抜く精神力と時間を有効活用する自己管理力も培いました。御社の仕事でもコツコツ粘り強く努力して結果を出します。

➡コツコツ努力した具体例を見出しにして、読み手の興味を引きつけました。
➡TOEICのスコアアップの数字を時系列で示して、説得力を高めました。
➡結びで仕事に対する抱負を述べて、熱意もアピールしました。

5 大進歩

大進歩は努力の証なので、努力家のイメージを与えることができます。入社後の仕事においても大進歩を遂げる社員になることを期待させます。進歩前の状態と進歩後の状態の対比をキャッチフレーズ化すると、効果的です。たとえば、「○○から○○に」「○○から努力し、○○を獲得」「○○を任される（○○からスタート）」などです。進歩の幅は数字ではなく、言葉で表現します。

NG文例

私は第二外国語として、中国語を勉強しました。ある程度の文法や単語を学びましたが、会話も得意になりたかったので、語学留学をすることにしました。中国では、学生と話せるように下宿に住みました。居酒屋に通いつめ、生の会話を聞いて、使えるフレーズを確認しました。そして、覚えた単語、フレーズを実際の会話にすぐ取り入れて使ってみることを実行しました。以上を実行したところ、最初はまったく話せなかったにもかかわらず、今では中国の友人たちとの会話に自信がつくまでになりました。

➡語学を題材にする受験者は非常に多いので、出だしを工夫しないと興味を引きつけにくい。
➡内容が整理されていないので、途中で読み飽きられてしまいます。
➡中国語がどのくらいできるのかが、わかりにくい。

POINT

- 進歩の幅が大きいほど、インパクトも強くなる。
- 進歩していることが、客観的にわかる言葉を使う（対比にすること）。
- 読み手の知らない言葉（専門用語）を使うと、進歩していることがわかってもらえないことがあるので、気をつける。

合格文例

◆モゴモゴからペラペラに（中国の友人たちと毎日会話）
将来、海外部門業務で幅広く貢献できるようになるため、第二外国語として中国語を勉強しました。文法・読解だけではなく、会話も得意になりたかったので、語学留学をしました。
①ホテルではなく寮に住み、学生と話す機会を大幅に増やす
②居酒屋で様々なテーマの会話に挑戦し、使えるフレーズをメモ
③覚えた単語、フレーズを実際の会話にすぐ取り入れて使ってみる
以上を実行し、中国の友人たちとの会話に自信がつきました。

➡出だしを工夫して、読み手の興味を引きつけました。
➡内容を整理し、努力した事例は箇条書きにして、わかりやすくしました。
➡「モゴモゴからペラペラ」と、中国語がどのくらいできるか、直観的にわかるようにしました。

6 実績・成績

高い実績や成績は、努力家の証となります。仕事でも大いに努力して、高い実績や成績をあげることを期待してもらえるようにしましょう。

題材としては、スポーツや学業、ゼミ、試験、アルバイト、音楽、留学、SNSのフォロワー数やアクセス数、書道、インターンシップ、ビジネスコンテスト等がよく使われます。

NG文例

郷土史研究のゼミに力を入れました。地元を中心とした経済発展についての研究ですが、企業に対する実地調査をもとに、ディスカッションやディベートで内容を深め、各自の成果を全体にプレゼンテーションする、実践的な形式のゼミです。フィールドワークが非常に多く、実践的な企業調査を行いました。私は、ゼミでは何度もプレゼンテーションを行い、そのたびに他者とは違う視点でアイディアを発表しました。なお、関連する講義はすべて無遅刻、無欠席で、常に最前列に座り、積極的に受講し、教授に毎回質問しました。以上の結果、2期連続最高評価を獲得しました。

➡ゼミを題材にする受験者は多いので、出だしを工夫しないと興味を引きつけにくい。

➡内容が整理されていないので、途中で読み飽きられてしまいます。

➡努力したこと、達成したことがわかりにくい。好成績も文中に埋没しています。

POINT

- たとえ小規模な大会やコンテスト等における高い実績・成績であっても、努力したことをしっかり書けば高評価が得られる。
- 高い実績・成績であれば、高校時代の題材でもよい。
- 中学生以前の題材の場合は、現在でも高いレベルで継続中のことでないと、高評価は得にくい。

合格文例

◆2期連続、最高評価獲得　（地元の経済発展の研究）

郷土史研究のゼミで、地元を中心とした経済発展の研究をしました。企業に対する実地調査をもとに、ディスカッションやディベートで内容を深め、各自の成果を全体にプレゼンテーションする、実践的な形式のゼミです。

①フィールドワークで、のべ100社の企業調査
②プレゼン件数30回、他者とは違う視点でアイディアを発表
③全講義無遅刻無欠席、最前列に着席、教授に質問

以上のように積極的に取り組み、2期連続最高評価を獲得しました。

➡テーマが「郷土史研究」でも、切り口を工夫すれば強くアピールできます。
➡高成績と仕事に役立ちそうな研究の切り口を見出しにして、興味を引きつけました。
➡努力の内容を数字で表し、説得力を高めました。

7 専門知識・専門能力

「仕事に役立つ専門知識・専門能力・資格」を軸にして、読み手の興味を引きつける手法。即戦力であることを、印象づけることができます。特に技術職、研究職、専門職、事務職で効果的です。

NG文例

私は大学時代、学部で中国現代史を専攻していたことから、中国語は力を入れて勉強してきました。特に重点目標としたのは、会話能力の向上です。私が努力したことは、たとえば、クラスメイトの中国人留学生にお願いして家庭教師になってもらったり、夏休みを利用して北京に1か月間の語学留学をしたことです。中国語検定試験にも挑戦しており、先日2級を獲得しました。今は毎日、中国人留学生たちと中国語で会話をしています。こんな私は、中国語を使った仕事をしてみたいと思っています。

➡平凡な出だしなので、読み手は文章に引き込まれません。
➡中国語の能力があることが読み手に伝わりにくく、読み飛ばされるおそれがあります。
➡結びの抱負の言葉が漠然としていて、志望の熱意が感じられません。

POINT

- 基本となるのは、大学・大学院・スクール等で体系的に学び、取得した専門知識や能力、資格。
- 職種・業務内容によっては、アルバイトやインターンシップ等で得た専門知識、能力でもよい。
- 志望する仕事の研究をしっかり行い、役立つ専門知識・能力・資格は何かを必ず確認する。

合格文例

◆中国語検定2級、北京に語学留学、日々中国人と会話

学部で中国現代史を専攻し、中国語の勉強に力を入れました。特に重点目標としたのは、会話能力の向上です。クラスメイトの中国人留学生に家庭教師を依頼して、厳しい特訓をしてもらったり、夏休みに北京に1か月間の語学留学をしたこともあります。中国語検定試験にも挑戦して、2級を獲得しました。今は毎日、中国人留学生たちと中国語で会話をしています。私は御社の中国事業部で働きたいです。面接では、中国語で志望動機を述べます。

➡専門知識、専門能力を見出しにして、興味を強く引きつけました。

➡中国語の能力があることが伝わるように、複数の具体例を見出しに並べました。

➡ずば抜けて高い資格やスキルでない場合は、このように複数並べると効果的です。

8 ユニーク能力

「ユニークな能力や出来事」で、読み手の興味を引きつける手法。「珍しい！」「おもしろそう！」という気持ちをかきたて、詳しい内容を知るために、本文を読まずにはいられなくさせるのが基本です。

ＮＧ文例

留学先で寮に入居し、１か月間、多国籍の４人部屋で生活しました。その結果、英語力が高まったことに加え、たとえどんなに騒々しい環境でも、硬い椅子でも、冷たい床の上でも、熟睡できるようになりました。というのは、同居人が友人たちを引き入れ、一晩中ゲームをしたり、ダンスをして騒ぐのが当たり前になっていたからです。また、布団が足りず、椅子や床の上で寝ることもよくありました。
友人たちからは、ゴキブリ並みのバイタリティだとよく驚かれますが、仕事でも役に立つのではないかと自負しております。

➡出だしが単調で、興味を持ってもらえません。
➡アピールポイントがわかりにくい。
➡仕事にどう役立てたいのか、わかりにくい。

POINT

- ユニークさだけをねらうのではなく、自己PR（もしくは志望動機）に結びつく内容にする。
- マスコミ系企業やベンチャー企業、または営業職のエントリーシートの場合は、まじめな内容に、どこかにさりげなくユニークなネタを入れるとよい。
- ユニークではない普通の能力でも、一般的な用途とは違う目的で使ってみたり、異分野の能力と組み合わせると、ユニークになることがある。

合格文例

◆騒音の中でも、硬い椅子、冷たい床の上でも熟睡できます

留学先で寮に入居し、1か月間、ブラジル、イタリア、チリ、日本の多国籍4人部屋で生活しました。その結果、実践的な英語力はもとより、「どんな環境でも熟睡できる能力」を身につけました。というのは、同居人が友人たちを引き入れ、一晩中ゲームをしたり、ダンスをして騒ぐのが当たり前になっていたからです。布団が足りず、硬い椅子や冷たい床の上で寝るのも、いつものことでした。会社説明会では、夜遅くまで取材や制作がある場合は、会社のソファで仮眠をとることもあると伺いましたが、私はまったく問題ありません。

➡ユニークな能力を見出しにして、興味を引きつけました。
➡見出しがアピールポイントにもなっています。
➡結びで仕事について具体的に触れ、志望の熱意を強調しました。

9 有名人・有力者

「知名度の高い人物名・信頼性の高い役職名」を出して、読み手の興味を引きつける手法。企業の広告で、人気歌手・俳優・タレント・スポーツ選手などを登場させ、消費者の目を引きつけているのは、この手法です。

社会人のスピーチでも、著名な経営者や作家・詩人・学者等の名前をあげて、発言を引用する例が多く見られます。

NG文例

私はテニスが大好きです。小学校のころからずっと続けています。そうなったきっかけは、世界中の強豪選手を相手に活躍する日本人選手の試合をテレビで見て、日本人でもすごい選手はいるんだと感動し、尊敬するようになったことです。以来、私もこのようになりたいと強く決意して、努力を積み重ね、地区大会で優勝したこともあります。私は長期間テニスに打ち込み、風邪をひかない健康体、炎天下でも全力で働ける体力、熱く気合いを入れて努力する粘り強さを培いました。

➡テニスという題材にありがちな平凡な出だしなので、文章に引っぱり込まれません。

➡具体性のない内容なので、説得力に欠けます。

➡臨場感のない書き方で、途中で読み飽きられてしまいます。

POINT

- 世界的に活躍していて、努力家の定評のある有名人の名前を見出しにして、読み手の興味を引きつけた。
- 有名人の名前を引用する場合は、その人が持つイメージと、自分のアピールポイントがずれないように、気をつける必要がある。

合格文例

◆錦織圭選手を尊敬し、テニスに打ち込む（12 年間継続）

テニスを小学校3年からずっと続けています。世界中の強豪選手を相手に活躍する錦織圭選手の試合をテレビで見て「この人すごい!」と感動し、尊敬するようになったのがきっかけです。以来、「この人のようになるぞ!」と努力を積み重ね、地区大会で優勝したこともあります。私は 12 年間テニスに打ち込み、①風邪をひかない健康体、②炎天下でも全力で働ける体力、③熱く気合いを入れて努力する粘り強さ、を培いました。

➡目標とした有名な選手名を見出しにして、読み手の興味を引きつけました。

➡「3年」「12 年間」などの数字や、身につけたことの具体例をあげて、説得力を高めました。

➡セリフによって、臨場感を高めました。

10 体力自慢

「他人に自慢できるくらいの強靭な体力・元気さ・バイタリティを示す具体例」で、読み手の興味を引きつける手法。仕事でも強靭な体力を発揮して、猛烈に働くことをイメージしてもらえます。

一般的に、仕事の基礎力として最も重視されるのは、体力です。したがって、体力ネタのアイキャッチ力、アピール力は非常に強いです。

NG文例

仕事の基礎力は体力だという話を御社の会社説明会で聞きました。自慢話に思われるかもしれませんが、体力ならだれにも負けないという自信があります。私は6歳から近所のスイミングスクールに兄と一緒に通い始め、励まし合い、競争し合いながら様々な泳法をマスターしました。途中でやめたくなったこともありましたが、最終的には、地上よりも水中で泳ぐほうが好きだという境地に到達しました。大学になった今では、スポーツジムに時々行って泳ぎ、体力を維持しています。

➡平凡な出だしなので、文章に引っぱり込まれません。

➡どのくらいの体力があるのか、漠然とした説明でわかりにくい。

➡内容はよいのに、具体性に乏しいので、読み飛ばされる可能性も。

POINT

- 体力があり、自己管理力もあることを表す題材を見出しにしている。
- 数字や具体例をあげて説得力を強めている。
- 残業や早朝の勤務がある企業の場合は、特に効果的なアピール。

合格文例

◆クロールで 2000 メートル楽々泳げます　（体力に自信あり）
仕事の基礎力は体力であると会社説明会の際に鈴木様に伺いました。私は 6 歳からスイミングスクールで水泳の特訓を開始して、3 時間、ずっと泳ぎ続けていられる体力を身につけました。得意な泳法はバタフライで、後輩の指導も任されていました。大学ではジムに定期的に通っていますが、今でもクロールで 2000 メートル程度は楽々泳げます。この体力で御社の仕事も粘り強く取り組みます。

➡強靭な体力があることを示す見出しにして、興味を強く引きつけました。
➡アピールポイントを見出しに配置して、わかりやすくしました。
➡不必要な文章は削除し、数字・具体例を増やして、説得力を高めました。

11 心がけ・習慣

「仕事に役立つ心がけ・習慣」で、読み手の興味を引きつける手法。仕事の基礎力が確立している人であることを、イメージしてもらえます。たとえば、「自分からあいさつすること」「笑顔で人と接すること」「整理整頓すること」などです。

リモートワークが増え、より自己管理能力が問われる時代になり、重要性が増しているテーマです。

NG文例

私のセールスポイントは、気持ちを込めた接客をすることです。大学入学後にコンビニエンスストアでアルバイトを始めました。最初は仕事を覚えることで精一杯でしたが、ミスなくこなせるようになってからは、お客様一人一人に気持ちを込めた接客をすることを心掛けるようになりました。今では、新しく入ってきた新人に、気持ちを込めた接客をするようにと教えています。貴社の仕事でもこの心がけを大切にして働きたく思います。

➡抽象的でありふれた出だしなので、興味を引きません。
➡気持ちを込めた接客の " 具体例 " がないので、説得力がありません。

POINT

- 説得力を高めるために、必ず具体例をあげる。仕事に役立ち、継続期間が長く、実行回数が多いものほど、高評価が得られる。

- 些細なことでも、継続し、習慣化していると、高評価が得られる。たとえば、「言われたことはすぐにメモを取る」「職場のごみを拾う」などは、一見地味だが、仕事をスムーズに行うためには必要なことである。自信を持ってアピールすること。

合格文例

◆**レシートは必ず両手を添えて渡します**（気持ちを込めた接客を）
高校の卒業式。壇上に上り、校長先生の前に立った。校長先生の両手から私の両手へ卒業証書が渡された。〝両手で〟渡された証書はとても温かく感じた。私は、ちょっとした動作にも気持ちを込めることの大切さを痛感し、今後、自分も心がけようと誓った。
たとえば、コンビニエンスストアのアルバイトでは、お金は必ず両手で受け取り、レシートやおつり、商品は必ず両手で渡すようにしている。どんな些細なことであっても、心を尽くして気持ちを伝えることが大切であると私は信じている。
御社の仕事においても、気持ちを込めた接客を常に心がけます。

➡心がけの具体例を見出しにして、読み手の興味を引きつけました。
➡本文はエピソードを軸にした内容にして、説得力を高めました。

12 大事件

「感情が揺さぶられるような大事件」を題材にして、読み手の興味を引きつける手法。非常に悲しい事件、怖い事件、うれしい事件、驚くべき事件の言葉をアイキャッチにして、自己PRや志望動機の文章につなげます。

NG文例

私はアルバイト先の居酒屋チェーン店では古株であり、アルバイトリーダーを務めているが、常に心がけているのは、人が嫌がる仕事を真っ先にすること。たとえば、飲みすぎているお客様がいたら、目配りを欠かさない。もしも千鳥足でトイレに向かったら、すぐに介抱に駆けつける。なんとトイレの床に異臭を放つ汚物を散乱させてしまっていることも度々あるが、こんなときは同僚を呼び、介抱を依頼して、私は、他のお客様が不愉快な思いをなさらないように、手早くきれいに掃除するようにしている。

➡よくある出だしなので、興味を持ってもらいにくい。
➡文章構成がぎこちなく、読みにくい。
➡中途半端な結びなので、アピールポイントがぼやけています。

POINT

- 大事件の言葉だけが目立ってしまい、自己 PR や志望動機にわかりやすくつながっていないと、場違いな文章となり、逆効果になる。
- 自己 PR や志望動機に関する言葉は、見出しに添え書きするとよい。
- 自分が居合わせていない事件でも、その事件によって明らかな影響を受けていれば、題材として使うことは可能。

合格文例

◆トイレの床に異臭を放つ汚物が散乱（人が嫌がる仕事を真っ先に）

飲みすぎているお客様がいたら、目配りを欠かさない。もしも千鳥足でトイレに向かったら、すぐに介抱に駆けつける。トイレの床に汚物を散乱させてしまっていることも度々あるが、こんなときは同僚を呼び、介抱を依頼。私は、他のお客様が不愉快な思いをなさらないように、手早くきれいに掃除する。私は居酒屋チェーン店でアルバイトリーダーを務めているが、常に心がけているのは、人が嫌がる仕事を真っ先にすることだ。

➡人が嫌がる仕事の実例をリアルに描写した見出しをつかみにしました。
➡読みやすい文章構成にしました。
➡結びでも、見出しにあるアピールポイントをくり返し、強く印象づけました。

13 メディア実績

「新聞やテレビ、オンラインニュースで、自分や自分が関係することが取材されたり、紹介された出来事」にして、読み手の興味を引きつける手法。

新聞社・テレビ局は大手でなくてもかまいません。たとえば、大学新聞や地元のコミュニティ新聞、ミニコミ誌、フリーペーパー、広報誌、雑誌、地域放送、ケーブルテレビ、ラジオなども効果が高いです。

NG文例

大学時代は、茶道部に所属していました。大学祭では出し物でいちばんの人気を集めることを目標にして、〝オシャレ着物カフェ〟というネーミングで、女性部員は着物、男性部員は羽織袴姿で〝斬新なオシャレ〟をして、店員を務める喫茶店を企画しました。メイド喫茶のようなちょっと変わった喫茶店が流行っていたこともあり、部員一同、賛成してくれました。大学祭当日は、多くのお客さんが詰めかけ、行列ができました。すると、取材に来ていたテレビに、「いちばんのおすすめ店」として取り上げられました。

➡1行目に、読み手の興味を引く言葉がありません。
➡テレビに取材されたことが本文の最後にあるので、読み飛ばされる可能性があります。
➡何をアピールしたいのかがわかりにくく、アピール力も弱い。

POINT

- 高評価を得るには、自己PRや志望動機に結びつく内容にする。
- 新聞やテレビに取り上げられたことを自慢話のように書くと、印象が悪くなる。客観的な事実だけを謙虚に書くこと。
- 面接の際は、掲載された紙面や出演した映像の写真を持参すること。興味を持った面接官に見せると、強く印象づけることができる。

合格文例

◆テレビの取材を受けました『大学祭で私の企画に行列が!』
大学時代は茶道部に所属。大学祭では、出し物でいちばん人気になることを目標に考えました。そして、〝オシャレ着物カフェ〟というネーミングで、女性部員は着物、男性部員は羽織袴姿という〝斬新なオシャレ〟をして、店員を務める喫茶店を企画しました。大学祭当日は、多くのお客さんが詰めかけ、行列ができました。取材に来ていたテレビに「いちばんのおすすめ店」として情報番組で取り上げられ、私が考えた「ユニーク接客法」も放送されました。

➡テレビで取材されたことを見出しに配置して、興味を強く引きつけました。
➡不必要な文章を削除して、アピール力を強める文章に差し替えました。
➡結びに、追求質問を引き出す「ユニーク接客法」という言葉を配置しました。

14 根性・忍耐力

「人並みはずれた根性の事例・高い忍耐力を発揮した経験」をアピールすることで、読み手の興味を引きつける手法。仕事でも、粘り強く、がまん強く働くことを、イメージしてもらえます。

NG文例

私は大学広報室のボランティアで、入学志望者を対象とした、各学部の紹介やサークル活動など大学内の情報を扱うガイドブックの記者兼編集の仕事をしています。先日、集めた原稿を印刷所に送る日に、6ページほどの記事を、急きょ差し替えなければならないトラブルが発生しました。大急ぎで私が代わりの企画を考え、24時間不眠不休で取材をして、記事を書き上げました。印刷所には面倒をかけましたが、無事、予定どおりに発行することができ、ほっとしました。私のモットーは、締切を厳守することです。

➡インパクトのない平凡な出だしなので、文章に引っぱり込まれません。
➡不必要な情報が多く、アピールポイントがわかりにくい。

POINT

- 題材は、スポーツやサークル活動、学業、アルバイトで、体力的に厳しい状況や精神的に追い込まれた状況、逆境を乗りきった経験がよい。
- 仕事の厳しさを乗り越えられずに早期に退職する社員もいる。困難な目標や厳しい仕事に、忍耐強く取り組む人だと伝わる事例が高評価に。
- 精神的なつらさは、体力的なつらさに比べて、第三者にわかりにくい。具体例や数字を用いて、説得力を高める工夫が必要不可欠。

合格文例

◆24時間、眠らず休まず働き続けた（締切厳守が私のモットー）
私は大学広報室のボランティアで、入学志望者を対象に各学部の紹介やサークル活動などの大学内情報を扱うガイドブックの、記者兼編集の仕事をしています。先日、集めた原稿を印刷所に送らなければならない日に、6ページほどの記事を、急きょ差し替えなければならないトラブルが発生しました。大急ぎで私が代わりの企画を考え、24時間不眠不休で、取材をして記事を書き上げました。
→私は何がなんでも、締切厳守で働きます。

➡根性・忍耐力を感じさせる具体例を見出しにして、興味を引きつけました。
➡「2日間、不眠不休で」「締切厳守」など、アピールポイントを見出しにして目立たせました。
➡不必要な情報は削除して、すっきりさせました。

15　自己犠牲

「人が嫌がる仕事を率先して行うこと、自分を犠牲にしてもチームのために尽くした経験」を伝えることで、読み手の興味を引きつける手法。チームプレイが積極的にできることを、イメージしてもらえます。

ＮＧ文例

飲食店でアルバイトをしたときの話です。昼どき、店のカウンター前に並んでいたお客様がアルバイトの店員に激しくどなる声が聞こえてきました。店員の受け答えが無礼だったことに腹を立てた様子でした。店にいた他の店員達は、皆おろおろしていましたが、私は勇気を出して、憤怒する顧客のところに向かいました。必死になだめるうちに、気持ちが落ち着いてきたようで怒りが鎮まり、笑顔で帰って頂くことができました。

➡内容はよいものの、平凡な出だしのために、読み飛ばされてしまう可能性が高い。
➡仕事にどう取り組むタイプなのか、アピールポイントがわかりにくい。
➡人が嫌がる仕事をしたのは、たまたまこのときだけかもしれないと疑われる書き方。

POINT

- 他人に言われて仕方なく行った経験ではなく、自ら率先して取り組んだ経験を書くこと。仕事においては、チームプレイが非常に大切。よって、全体のことを考え、会社や上司、同僚、部下、取引先、顧客のために尽くすことができる人は、評価が高い。
- 人が嫌がりそうな大変な仕事・経験であるほど、評価が高い。
- チームのために尽くすことにやりがいを感じる人ほど、評価が高い。

合格文例

◆激怒するクレーム客に対応（人が嫌がる仕事を率先して行う）

飲食店でアルバイトをしたときの話です。お客様がアルバイトの店員に激しくどなる声が聞こえてきました。店員の受け答えが無礼だったことに立腹した様子でした。他の店員達は、皆おろおろしていましたが、私は勇気を出して、憤怒する顧客のところに向かいました。必死になだめるうちに、気持ちが落ち着いてきて怒りが鎮まり、笑顔で帰って頂くことができました。私はクレーム処理、汚物処理など、人の嫌がる仕事にも率先して取り組みます。

➡人が嫌がる仕事（クレーム処理・汚物処理など）を行うタイプであることを、具体例とともに見出しでアピールしました。

16 珍しい体験・出来事

文章の出だしを、「珍しい出来事・おもしろい出来事・笑ってしまうハプニング」にして、読み手の興味を引きつける手法。人間の心理として、珍しいこと、おもしろいこと、笑ってしまうことには、強い興味がわくものです。アイキャッチの効果は、非常に高いです。

ＮＧ文例

私は生活費の足しにするために、商店街の魚屋でアルバイトをしています。最初はうまくできなかったのですが、売り方を工夫した結果、今では私が入る日の売上は、3万円以上増えます。販売のコツは、大きな声で威勢よく売ること。そして、〝おすすめの組み合わせ〟を数パターン考えておき、相手の好みに合いそうな組み合わせを選んで、食べたくなるようにうまく提案して、セットで買っていただくことです。すべての魚を売り切って、店長を驚かせたこともあります。

➡アルバイトの題材ではよくある出だしなので、興味を持たれません。
➡「生活費の足し」「最初はうまくできなかった」など不必要な情報があります。
➡アピールポイントがわかりにくい。

POINT

- 高評価を得るには、珍しい出来事の記述が自己PRや志望動機に結びつく内容であることが重要。
- 情景描写を工夫して、読み手の頭に絵（イメージ）が浮かぶようにすると、より強い印象を残せる。
- マスコミ系企業やベンチャー企業、営業職のエントリーシートの場合は、まじめ一本やりの内容ではなく、どこか1か所にこのようなネタを入れると、評価がさらに高くなることが多い。

合格文例

◆「魚屋なのに、魚が何もないじゃないか！」店長の驚きの一言

私は、商店街の魚屋でアルバイトをしています。私が入る日の売上は、3万円以上増えます。販売のコツは、大きな声で威勢よく売ること。そして、〝おすすめの組み合わせ〟を数パターン考えておき、相手の好みに合いそうな組み合わせを選んで、食べたくなるようにうまく提案して、セットで買っていただくことです。すべての魚を売り切って、店長を驚かせたこともあります。御社でも、工夫して売上を増やし、上司を驚かす社員を目指します。

➡珍しい出来事を見出しにして、興味を引きつけました。
➡不必要な情報を削除して、流れをシンプルにし、読みやすくしました。
➡アピールポイントを、見出しと結びでくり返して目立たせました。

3章

合格者文例と必勝テンプレート

1

頻出項目と近年の傾向

エントリーシートの記入項目は、大きく「志望動機系」と「自己PR系」に分けられます。それぞれ、企業研究と自己分析を入念に行い、文章力を高めていくことが大切です。ただ、問われる形式にはある程度パターンが決まっているので、それに対する答え方を自分の中でつくっておけば、膨大な量のエントリーシートを作成し、また面接を受けていくにあたって、強い武器になります。

エントリーシートを書くのに十分な時間がとれないときも、この章の必勝テンプレートを利用すれば、すぐに優れた「志望動機」「自己PR」を作成することができます。

必読！ 社に対する熱い思いを伝えるには

「志望動機」の記入欄とは、採用担当者が当社に対する熱意を確認するための、とても重要な箇所です。就活生の会社に対する熱意をはかる尺度とは、つまり、どれだけ深い企業研究がされているかです。具体的な企業研究の手段を、企業を志望する理由にうまく結びつけましょう。

POINT

- 説明会やセミナーで質問する。
- 志望企業の WEB サイト（主に IR 情報）を読む。
  →社員紹介ページ、プレスリリース、経営計画、
  社長メッセージ、アニュアルレポートなど
- 新聞やビジネス誌で、志望企業や志望業界の記事を読む。
  →図書館の過去記事検索サービスも便利
- 店舗見学、OB 訪問、インターンで企業のリアルな
  仕事内容を確認。

NG文例

創業以来100年以上の歴史がある貴社にはグループの強固な顧客基盤があり、堅実な経営をしていることに魅力を感じました。ショッピング、医療、ブライダルなど人々の生活に深く関われ、就職活動の軸である「人の記憶に残る仕事がしたい」ということが実現できると思い、志望いたします。

➡企業の仕事に対する「強い熱意」が感じられるでしょうか？
➡企業のことを「深く調べている」と感じられるでしょうか？　企業研究なしで誰にでも書ける文章になってしまっています。

合格文例①

会社説明会参加に基づく「理由」

〇月〇日の会社説明会で、この仕事に取り組んでおられる鈴木様に質問させて頂き、仕事内容を具体的に伺ったからです。お客様の新規事業に貢献できることがやりがいとおっしゃっていたのが印象的でした。販売戦略から収支状況の調査、これに関わるシステム開発までを行う仕事に是非取り組みたいです。

➡会社説明会では積極的に参加するとよいです。①仕事内容が分かり、②マッチングの確認ができ、③志望動機（志望理由）の説得力も高まります。

合格文例②

WEB 会社説明会参加に基づく「理由」

〇月〇日の WEB 会社説明会で、この仕事に取り組んでおられる山本様に質問させて頂き、仕事内容を具体的に伺ったからです。お客様の新規事業に貢献できることがやりがいとおっしゃっていたのが印象的でした。販売戦略から収支状況の調査、これに関わるシステム開発までを行う仕事に取り組みたいです。

➡ WEB 会社説明会の参加もメリット大です。ぜひ参加しましょう。①仕事内容が分かり、②マッチングの確認ができ、③志望動機（志望理由）の説得力も高まります。

合格文例③

セミナー参加に基づく「理由」

〇年〇月〇日のセミナーの際、鈴木様と山田様に質問させて頂き、各部門の仕事内容を具体的に伺ったからです。とりわけ取り組みたいのは法人営業部門の仕事ですが、商品開発部門や営業支援部門の仕事にも強い興味を持っています。なお、将来的には、経営企画部門の仕事でも貢献したいと思います。

➡業界研究セミナー、仕事発見セミナー、インターンシップセミナーなど、様々な名称で呼ばれますが、参加メリット大です。

合格文例④

インターンシップ参加に基づく「理由」

〇月のインターンシップで、□□の仕事を体験させて頂き、更に、社員の山田様から仕事内容を詳しく教えて頂きました。社会・経済の動向とお客様のリスクニーズを分析し、最適なソリューションを開発して販売戦略から収支状況の調査、これに関わるシステム開発までを行う御社の業務に取り組みたいです。

➡自分が必要な情報は社員に質問して入手できるため、インターンは、短期のものでも、WEB 開催でも参加メリット大。

合格文例⑤

WEB サイト IR 情報の閲覧に基づく「理由」1

御社の WEB サイトの経営計画 P15「同業他社との差別化策」と社員紹介ページ P20「営業チームリーダー：佐藤様の努力」に感銘し、御社で働きたいと思うようになりました。販売戦略から収支状況の調査、これに関わるシステム開発までを行う仕事にぜひ取り組みたいです。

➡「企業名 経営計画」､「企業名 社員紹介」で検索しましょう。※経営計画は、アニュアルレポートや株主向け資料内の場合もあります。

合格文例⑥

WEB サイト IR 情報の閲覧に基づく「理由」2

御社の WEB サイトのプレスリリース 2021 年 5 月 10 日「同業他社との収益力比較分析」と社員紹介ページ P14「営業部門：伊藤様の目標達成努力」に感銘し、御社で働きたいと思うようになりました。販売戦略から収支状況の調査、これに関わるシステム開発までを行う仕事に是非取り組みたいです。

➡「企業名 プレスリリース（ニュースリリース）」で検索しましょう。通常、瞬時にリンクがリストアップされ、調べることが可能です。

合格文例⑦

店舗見学に基づく「理由」

御社の都心のビジネスエリアにある○○店と、郊外の住宅エリアにある□□店の 2 店舗を見学させて頂きました。○○店では社員の加藤様に業務内容を伺って、御社でぜひ働きたいと思うようになりました。販売戦略から収支状況の調査、これらに関わるシステム開発までを行う仕事にぜひ取り組みたいです。

➡さらに同業他社の店舗との比較も、企業理解を深めるのに役立ちます。
企業のウェブサイトの徹底分析や同業他社比較も役立ちます。

合格文例⑧

OB 訪問に基づく「理由」

○年○月○日に御社の松本様にＯＢ訪問させて頂き、営業部門の仕事内容を詳しく教えて頂き、御社が第 1 志望になりました。私は、社会・経済の動向とお客様のリスクニーズを分析し、最適なソリューションを開発して、販売戦略から収支状況の調査、これに関わるシステム開発までを行う業務にぜひ取り組みたいです。

➡可能であれば、必要な情報を得られる OB 訪問はしておくとよいです。

1

志望動機系

志望の理由

類似項目

・やりたい仕事（興味のある仕事・希望するフィールド）は？
・当社の仕事のやりがいは？
・あなたにとって当社とは？

志望企業で成し遂げたいこと＝「高い志」を述べる書き方がとりわけ効果的です。以下の２点を文中に盛り込むことで説得力が高くなります。
①自分の体験に基づいた志。②志が志望企業の仕事内容や経営計画に沿ったものかを社員、または経営計画で確認済み。

合格者はこう書いた！

◆御社の商品で、世界中の〝肌が弱い人〟を救いたい

私は長年、御社の洗顔フォームを愛用しております。御社の商品を使う前は、他社のものをあれこれ試していました。しかし、生まれつき肌が弱いせいか、かぶれなどにいつも悩まされ、結局どれも途中で使うのをやめてしまいました。ところが、友人にすすめられて御社の洗顔フォームを使ってみたところ、とてもナチュラルな印象で、違和感がまったくありませんでした。肌のかぶれも起きません。私のように肌の弱い人に向けて、この点をもっとアピールすれば、さらに売上が伸びると確信しております。会社説明会で、海外事業部の鈴木太一様から仕事の詳細を伺い、御社で働きたいと強く思っています。御社と世界中の肌の弱い人のために、一生懸命頑張ります。

➡具体的な数字や名前を出すことで、志望順位の高さに説得力を持たせています。
➡就職活動を猛烈に頑張っていることをアピール。
➡フットワークの軽さをアピール。

2 志望動機系
なぜ他社ではなく、当社なのか？

志望企業を含め、多くの企業を比較研究した上で第一志望となったという書き方がとりわけ効果的です。以下の３点を文中に盛り込むと説得力が高くなります。①比較研究した企業数、参加した説明会数など。②志望企業で話を聞いた社員名。③入社後に取り組みたい仕事。

類似項目

- 企業を選ぶ際に大切にしている基準は（企業選びのポイントは）？
- 他社の受験状況は？
- 当社以外の志望先は？
- あなたにとって理想の社会人とは？
- 当社の商品、サービスについてどう思うか？

合格者はこう書いた！

◆ 80 社以上の社員と話をした結果、御社が第1志望です

私は3年生の７月より就職活動を開始し、10 回の合同企業説明会、20 社のセミナーに足を運び、3社のインターンシップに参加しました。また、店舗見学、工場見学にも５社ほど伺い、合計 50 社以上の社員の方とお話をさせていただきました。その結果、御社が第1志望であると心から思うようになりました。私は御社で以下の仕事にぜひ取り組みたいです。

① 20 代でリテールセールス部門の業務（渡辺太郎様のお話に感銘）

② 30 代で営業開発部門の業務（田中一郎様のお話に感銘）

③ 40 代以降は店舗設計部門の仕事（佐藤和夫様のお話に感銘）

全力で働く覚悟です。よろしくお願いいたします。

➡具体的な数字や名前を出すことで、志望順位の高さに説得力を持たせています。

➡就職活動を猛烈に頑張っていることをアピール。

➡フットワークの軽さをアピール。

3

志望動機系

最近関心を持った出来事は？

類似項目

・気になるニュースは？
・最近疑問に思うことは？
・日ごろ読んでいる新聞・雑誌は？
・よく利用するWEBサイトは？

制作系・技術系・研究系・マネンジメント系の職種、マスコミ・金融・商社・流通・ＩＴなどで頻出です。志望企業のビジネスチャンスにつながる最新情報（ビジネス誌、新聞、志望企業の経営計画やプレスリリースなどから）を収集して、それと入社後に取り組みたい仕事を関連付けて志望動機にする書き方がとりわけ効果的です。

合格者はこう書いた！

◆為替レートをチェックし、世界の経済動向を把握

為替レートが貴社の収益と事業活動に与える影響に大変関心があります。私は毎日レートをチェックしています。その理由は、貴社の会社説明会で、１円の円安で100億円の増収があるなど、為替レートが収益に影響する話を具体的に伺って強い興味を持つようになったからです。特に「御社の○○プロジェクトの動向」と絡めながら、為替市場の分析や、今後の予測をおこなっています。

➲志望企業の収益・事業に関連する情報を収集していることは高評価される。業界に強い関心があることが伝わります。

➲志望企業の社員に（会社説明会などで）日頃どんな媒体で情報収集をしているか質問して、それを取り入れるとよい。

4

志望動機系
将来、チャレンジしたい仕事は？

すべての業界で、近年非常に増えている項目です。質問意図は、当社で長期にわたって働くことを真剣に考えているか、当社を将来的に発展させるアイデアを考えることができるかをチェックすることです。

類似項目

- 将来の夢は何か？
- 10 年後の当社は？　あなたは？
- どんな社員になりたいか？　あなたのキャリアプランは？
- 自分のどこを成長させたいか？
- 新規事業・新商品のアイディア
- 当社の商品の新しい売り込み方は？
- 当社が今後発展するために必要なことは？

合格者はこう書いた！

◆営業部門の運用コンサルタントを志望します。
①法人、個人の資産運用 → ありとあらゆる運用ニーズに応える
②企業の経営アドバイス → 企業戦略の中枢に関わる
③ M&A（※将来的に）→ 日本経済のリストラクチャリングに貢献
会社説明会で営業部の○○主任がお話しされたビジョンに感銘を受けました。取引先の営業戦略や経営戦略のサポートもできるコンサルタントのプロを目指しつつ、M&A で新しい日本経済の流れを生み出したいです。

➡取り組みたい仕事を箇条書きにし、長期的なビジョンを一目でわかるようにしました。
➡企業サイトに掲載の「経営計画」の内容を指針・根拠にして書くと企業のニーズに合った内容にすることができます。

1

自己PR系

学生時代に打ち込んだことは？

類似項目

- ゼミ、研究、得意な科目、好きな科目、学業の内容
- クラブ・サークル活動・特技・趣味
- 今まで最も力を入れたことは？
- 自分を当社でどう生かしたいですか（あなたはどんな貢献ができますか）？
- 最も成長した経験は何ですか？
- 今までの人生におけるチャレンジは何ですか？

エントリーシートで、最も数多く設定される項目です。質問意図は、志望する仕事で活躍できる能力・資質・知識・経験・人柄・基礎学力・成長の可能性などがあるかをチェックすることです。

合格者はこう書いた！

◆インターンシップでトップ賞　（仕事でも１番の成果をめざします）

今夏参加したインターンシップでは、来年度のインターンシップの企画案を競うコンペが行われました。私は、取引先企業のインターンシップとコラボレーションするアイディアを考えました。説得力を高めるために、先方の企業5社の人事担当者に取材して現状を分析し、学生100人にアンケートをとって、ニーズを分析しました。プレゼンテーションは、映像制作ソフトを駆使して、ドラマのシーンのように行いました。その結果、実務性、独創性、表現力で高い評価を得て、トップ賞を獲得しました。

御社の営業の仕事でも、1番の成果をあげるべく一生懸命努力します。

➡ナンバーワンの題材（1番、トップ賞）を見出しにして、読み手の興味を引きつけています。

2 自己PR系
困難を乗り越えた経験は？

営業や販売に力を入れている企業のエントリーシートで、特に出題される項目です。質問意図は、志望する仕事でつらいことがあっても辞めることなく乗り越えることができるか、高い目標に粘り強く取り組み、達成することができるか、ストレス耐性はあるかをチェックすることです。

類似項目

- いちばんつらかった経験は？それをどう乗り越えたか？
- これまでの人生で最も困難だったことは？
- 人生最大のピンチは？
- 最後まであきらめずに達成したことは？

合格者はこう書いた！

◆捻挫《ねんざ》の激痛に耐えて踊り抜き、入賞　（ダンス大会）

大学では、ダンスサークルに所属しています。地元のテレビ局が主催する大会に出場することが決まり、全員で今まで以上に張り切って、練習に励みました。ところが大会の前日、私はジャンプを失敗して転倒しそうになった人を支えた際に、足首を捻挫しました。仲間からは「こんな状態では無理だ。参加を辞退しよう」という声があがりましたが、「絶対に大丈夫」とチームのために強がりを言って、大会に臨みました。演技中は、猛烈な激痛に歯を食いしばって耐え、全力で踊り抜きました。これが気迫のこもった演技と評価され、見事に入賞することができました。
仕事でも、どんな苦しいことがあっても、全力でやり抜きます。

➡忍耐力を発揮したエピソードを見出しにして、インパクトを出し、読み手の興味を引きつけました。

➡結びで仕事に対する抱負を述べて、志望の熱意もアピールしました。

3

自己PR系

仕事で大切にしたいことは？

類似項目
- あなたにとって仕事とは何ですか？
- 今までの人生で大切にしてきたことは？
- あなたのモットーは？
- 学生時代にいちばん感動したことは？

経営理念を重視している企業、創業者の理念を重視している企業、社会的な使命を重視している企業のエントリーシートで、特によく出題される項目です。質問意図は、企業の経営理念と受験者の仕事観・価値観（人生観）がマッチしているかをチェックすることです。

合格者はこう書いた！

◆お客様の細かな質問にも完璧に答える（歴史検定72点UP合格）

大学1年時に、新聞で話題になった江戸文化歴史検定試験にチャレンジしました。それなりに知識があるとうぬぼれていたので、初心者レベルの3級を飛ばして2級を受けたのですが、まったく歯が立たず点数は何と20点。当然、不合格です。甘く見ていたのを反省して、2級向けの公式テキストを購入し、猛勉強しました。大学2年時の挑戦では、72点UPの高得点で合格しました。私は御社の教育旅行（修学旅行）の営業部門を志望しており、現在は〝京都・観光文化検定2級〟と〝長崎歴史文化観光検定2級〟の合格を目指して、勉強に励んでいます。

→お客様の細かな質問にも答えられるようにしっかり学びます。

➡増加した得点を強調して、努力家であることをアピールしています。

➡志望する仕事に役立つ資格なので、熱意のアピールになっています。

➡結びで抱負を述べ、仕事に対する熱意をさらに強調しています。

4 自己PR系
発想力を発揮した経験は？

商品開発系の職種や、マスコミ業界のエントリーシートで、特によく出題される項目です。質問意図は、他の受験者と異なる自分だけの言葉・表現・文章構成・着眼点を持っているかをチェックすることです。

類似項目

- 自分を漢字一字で表すと？
- 自分を色にたとえると？
- 自分を当社の商品にたとえると？
- 自分にキャッチフレーズをつけてください。
- このスペースにあなたらしさを自由に表現してください。

合格者はこう書いた！

◆学部初、ビジネスモデルコンペの開催（新企画を考案し、チャレンジ）
大学のゼミでは、他のゼミとの切磋琢磨の場を設けたいと思い、ビジネスモデルコンペを開催する提案をしました。経済学部初の試みだったのですが、担当教授5人を説得して、開催することができました。まず、各ゼミで話し合ってビジネスモデルを決定します。次に、各ゼミの代表が、それぞれのビジネスモデルのシミュレーションを発表し、全員で収益性、新規性、実現性の分析をして、優劣の評価をします。ビジネスモデルは各ゼミの研究内容が反映されていて、とても興味深かったです。担当教授たちからも好評で、来年度のゼミ生たちにもぜひやらせたいということでした。
貴社の仕事でも、発想力とチャレンジ精神を発揮して、成果をあげます。

➡発想力を発揮して考案した“具体例”を見出しにして、興味を引きつけました。

➡ゼミ、サークル、アルバイト等で新規考案したことは効果的です。

5

自己PR系

欠点（苦手）を克服した経験は？

類似項目

・ウィークポイントを改善した経験は？
・苦手なことは？
・苦手なタイプの人物は？
・自分の嫌いなところは？
・当社の短所（当社の改善点）は？

営業系・販売系・接客系の職種、マスコミ業界や金融業界、サービス業のエントリーシートで、特によく出題される項目です。質問意図は、マイナスのことを聞かれても、プラスに切り返すことができる機転と説得力があるかをチェックすることです。

合格者はこう書いた！

◆「しまった、また裏をかかれた！」（猛特訓で欠点を克服）

私は大学のサッカー部で、ゴールキーパーを任されていました。試合中はほとんどのシュートを止めることができたのですが、ＰＫ戦になるといつも、ボールが来ると思って飛んだ方向とは逆に、シュートを決められていました。それが悔しくて、ビデオチェックなどによって自分がＰＫ戦に弱い理由を必死に分析した結果、相手がボールをける瞬間に、自分が飛ぼうとする方向に上半身が傾く癖があることに気づきました。そのことを知ってからは、相手がけるまで微動だにしないように猛特訓を積み重ね、相手のシュートの軌道を読み切って飛べるようになりました。貴社の仕事でも、欠点（苦手）は猛努力で必ず克服します。

➡マイナスの言葉で読み手の興味を引きつけました。
➡マイナスの印象を持たれないように、見出しにプラスのことを添え書きし、本文には、克服のためにどんな努力をしたかを具体的に書きました。

6

自己PR系

自己管理能力

類似項目

・継続的に続けていることは？
・自分を律することは得意ですか？
・誘惑に勝った経験は？
・長年、努力していることは？
・外出自粛期間は何をしていましたか？

多くの企業でリモートワークが普及し、自宅で仕事をする時間が増えました。そうした環境でも、自分を律し、課題に取り組みながら生活を送れる人かどうかは、近年の採用における重要事項です。自己管理能力が問われています。

合格者はこう書いた！

◆家計簿を毎日つけること（2年間、毎日継続）

①毎日物事を継続すること → 何にお金を使ったか、メモを持ち歩く

②働くことの大切さ → 自分で得た収入を自分で管理する

③計画を立てて貯金する習慣 → 25万円貯めて英会話学校に通う

➡箇条書きで内容を整理し、アピールポイントを明確化しました。
➡数字や実例を盛り込み、説得力を高めました。
➡ビジネス誌や新聞の購読、習い事、資格や語学学習、筋トレ、スポーツ、健康的な食生活などの継続も高評価されます。

7

自己PR系

逆境を生かす能力

類似項目

- 人生で苦しかったことと、それを克服した経験を教えてください
- 人生最大のピンチは？
- 困難にどう立ち向かいますか？
- 業界の苦境をどう考えますか？

営業系・販売系・接客系の職種やサービス業のエントリーシートでよく出題される項目です。苦境に立たされたときに、それに打ち勝つ精神力があるか、苦しい状況を好機に変える発想力や行動力があるかを問われます。

合格者はこう書いた！

◆腕立て100回、腹筋100回、スクワット100回（私の日課）

大学ではラクロス部に所属していました。初心者だった私はパワーのなさが課題でしたが、コロナ禍の影響でチーム練習が制限されてしまいました。そこで、筋トレをすることを自分に課し、毎日腕立て100回、腹筋100回、スクワット100回を一日も欠かさず続けました。その結果、80分間フルスピードで走り回れる体力が身につきました。どんな日も筋トレを続けてきたことで、努力を継続する精神力と、どんなきつい仕事でも大丈夫と思える体力を身につけられました。

➡逆境の中でもできることを能動的におこなえることが伝わります。

➡体力をつけるためのトレーニングのネタはアピール力が強い。

➡数字を複数並べる方法はインパクトが大きく、効果大です。

2

「志望動機系」テンプレート

実際の内定獲得者が書いた合格文例と、それをベースにした必勝テンプレートを紹介していきます。時間がない人、今すぐ書き上げなくてはいけないエントリーシートがあるという人は、ひとまずここだけを読んで作成にとりかかりましょう。

大きく「志望動機系」と「自己PR系」に分かれるなか、まずは「志望動機系」の文例を紹介していきます。志望動機系のポイントは、志望度の高さを、具体的な根拠や行動力・姿勢を持って示すことです。この点を意識しながら書いてみましょう。

1　やりたい仕事

志望企業でやりたい仕事を明言し、明確な目的意識を持って志望していることを伝えます。やりたい仕事の内容を社員に確認したことを書くと説得力が高くなります。時間がない場合は、企業サイト・社員紹介ページでもよいでしょう。

合格文例

◆法人営業部の仕事に取り組みたいです

私が御社で取り組みたいのは、卸店・スーパーなどのお客様に対して、一つでも多くの商品を買っていただけるようにする仕事です。志望のきっかけは、御社の山本様から業務内容を詳しく伺ったことです。自分が立案した企画や店頭演出が商品の売上げに結びついたときのやりがい、そして、お客様にいちばん近い視点で、商品の売れ行きや店頭でのさまざまな情報を収集する喜びを具体的に伺い、御社で働きたいと強く思うようになりました。

必勝テンプレート

◆＿＿＿＿＿＿＿＿＿＿＿＿の仕事に取り組みたいです

私が御社で取り組みたいのは、＿＿＿＿＿＿＿＿＿＿＿＿

＿＿＿＿＿＿仕事です。志望のきっかけは、＿＿＿＿＿＿＿＿

＿＿＿＿＿＿＿＿＿＿です。＿＿＿＿＿＿＿＿＿＿＿＿＿＿

＿＿＿＿＿＿＿＿＿＿＿＿＿＿のやりがい、そして、＿＿＿＿＿

＿＿＿＿＿＿＿＿＿＿＿＿＿＿＿＿＿＿＿＿＿＿＿＿＿＿＿＿

＿＿＿＿＿＿＿＿＿＿＿＿＿＿＿＿＿＿＿＿＿＿＿＿＿＿＿＿

＿＿＿＿＿＿＿する喜びを具体的に伺い、御社で働きたいと強く思うようになりました。

2 キャリアプラン

志望企業でやりたい仕事に、キャリアプラン（キャリアパス）を書き添えます。最低10年、できれば20年～30年にわたって、志望企業でどんな仕事にどのように取り組みたいか、ポイントを簡潔にまとめて書きましょう。

合格文例

◆一生努力し続け、どの部門でもいちばん貢献する社員を目指します

会社説明会と店舗見学の際に、社員の皆様から各部門の仕事内容とキャリアパス制度の話を詳しく伺い、御社で働きたいと強く思うようになりました。特に興味がある部門と私が希望するキャリアパスは、以下の通りです。３つの分野でエキスパートになれるように一生懸命がんばります。

1．20代で、個人融資部門の業務（井上様に話を伺う）

2．30代で、資産運用部門の業務（池田様に話を伺う）

3．40代以降は、経営企画部門の業務（山田様に話を伺う）

必勝テンプレート

◆______________________社員を目指します

______________________の際に、______________________から______

____________________________________を詳しく伺い、御社で働きたいと強く思うようになりました。特に興味がある部門と私が希望するキャリアパスは、以下の通りです。______________________

______________________ように一生懸命がんばります。

1．20代で、______________の業務（______________に話を伺う）

2．30代で、______________の業務（______________に話を伺う）

3．40代以降は、__________の業務（______________に話を伺う）

3　大目標・大きな志

志望企業の業務に関連した、大目標（大きな志）を述べ、面接官の共感を得る書き方。企業の理念、長期的な経営計画、社長の経営方針の詳細な研究が必要不可欠で、これらとマッチしていることが大切です。

合格文例

◆暮らしを楽しむ喜びを日本中に広める！（私は日本各地で働きます）
御社の店舗を見学して他社の店舗と比較すると、高齢者でも買い物がしやすい店舗設計になっていることに、大変感銘を受けます。御社の各ジャンルの商品 20 点を他社の商品と比較研究すると、御社のほうが明らかに品質が高いです。まさに値段以上の価値を感じます。通販サイトも他社と比較研究しましたが、他社よりも工夫している点を 15 か所発見しました。
私も世の中のすべての人に、暮らしを楽しむ喜びを届けたいです。日本各地、そして、世界各地で御社の仕事に取り組みたいです。

必勝テンプレート

◆＿＿＿＿＿＿＿＿＿＿＿＿＿＿＿＿！（私は＿＿＿＿＿＿＿＿ます）
御社の＿＿＿＿＿＿＿＿を＿＿＿＿＿＿＿＿すると、＿＿＿＿＿＿＿＿に、大変感銘を受けます。御社の＿＿＿＿＿＿＿＿＿＿＿＿＿＿＿＿
＿＿＿＿＿比較研究すると、御社のほうが＿＿＿＿＿＿＿＿＿＿＿＿です。
まさに＿＿＿＿＿＿＿＿＿＿＿＿＿＿＿＿＿＿＿＿＿＿＿。＿＿＿＿＿＿
＿＿＿＿＿＿も＿＿＿＿＿＿＿＿＿＿＿＿しましたが、＿＿＿＿＿＿＿
＿＿＿＿＿点を＿＿＿＿＿＿＿＿＿＿＿＿発見しました。
私も＿＿＿＿＿＿＿＿＿＿＿＿＿＿＿＿＿＿＿＿＿＿＿たいです。＿＿＿＿
＿＿＿＿＿＿＿＿＿＿＿＿＿＿＿＿＿＿＿＿の仕事に取り組みたいです。

4 店舗見学・会社訪問

志望企業でやりたい仕事の根拠として、店舗見学や会社訪問で見たこと、社員と話したこと等を書き添える書き方。調査内容や見学・訪問回数を見て、手間がかかっていることが感じられるほど、熱意の強さをアピールできます。

合格文例

◆販売部の仕事に取り組みたい（5店舗を見学）

関東各地の店舗を5か所回り、御社の商品の売り方を見学させていただきました。商品構成、ディスプレイ、キャンペーンの手法について、会社説明会で教えていただいたことを自分の目で確認し、理解できました。たとえば渋谷店では若者向け、銀座店では富裕層向け、巣鴨店では高齢者向け、とさまざまな工夫がされていることに感銘を受けました。また、御社の販売部の鈴木様から、仕事のやりがいや厳しい面、他社との違いについて具体的に伺い、早く御社の一員になって働きたいと思うようになりました。

必勝テンプレート

◆________の仕事に取り組みたい（________を見学）

________を________回り、________を見学させていただきました。________について、会社説明会で教えていただいたことを自分の目で確認し、理解することができました。たとえば________、とさまざまな工夫がされていることに感銘を受けました。また、御社の________の________から、________について具体的に伺い、早く御社の一員になって働きたいと思うようになりました。

5　インターンシップ・セミナー

志望企業でのやりたい仕事を明言し、その根拠として、インターンシップやセミナー経験のことを書き添えます。具体的に部署名・社員名・仕事内容を挙げて説明することや、他の企業との比較が説明力を高める秘訣です。

合格文例

◆管理部の仕事をしたいです　（きっかけはインターンシップ）

■志望のきっかけ

御社のインターンシップに参加し、管理部の田中様、石川様と仕事をさせていただきました。外からの印象とは異なり、専門知識のみならず体力と根性も必要な仕事ですが、大変な分、非常に大きなやりがいを感じました。

■御社が第１志望となった理由

他社のインターンシップやセミナーにも参加し、体験から仕事内容を比較し、御社で働きたいと心から思うようになりました。

必勝テンプレート

◆＿＿＿＿＿＿の仕事をしたいです（＿＿＿＿＿＿は＿＿＿＿＿＿）

■志望のきっかけ

御社の＿＿＿＿＿＿＿＿＿＿に参加し、＿＿＿＿＿＿＿＿＿＿部の＿＿＿＿＿＿＿＿＿＿、＿＿＿＿＿＿＿＿＿＿と仕事をさせていただきました。外からの印象とは異なり、＿＿＿＿＿＿＿＿＿＿な仕事ですが、大変な分、非常に大きなやりがいを感じました。

■御社が第1志望となった理由

他社の＿＿＿＿＿＿＿＿にも参加し、＿＿＿＿＿＿＿＿＿＿を比較しました。その結果、御社で働きたいと心から思うようになりました。

6　OB・OG 訪問で聞いた社員の話

志望企業でのやりたい仕事を明言し、その根拠として、OB・OG 訪問で見たこと、聞いたこと等を書き添える書き方。とても実践的な内容になり、熱意の強さも感じられます。OB・OG 訪問の内容の詳しさや人数の多さで、行動力、コミュニケーション能力の高さもアピールできます。

合格文例

◆ネット販売事業に取り組みたい（OB 3人と会いました）

私は御社の OB 3人とお会いし、御社で働きたいと思うようになりました。

1．営業部門の立花様　→　ネット販売事業について詳しく伺う
2．営業部門の原口様　→　今後の営業戦略について詳しく伺う
3．商品部門の石田様　→　今後の商品計画について詳しく伺う

私がぜひ取り組みたいのは、営業部門のネット販売事業の仕事です。また、関連のアフィリエイト事業、モバイル事業にも大変興味があります。

必勝テンプレート

◆＿＿＿＿＿＿＿＿＿＿＿＿＿＿＿の仕事に取り組みたい
（＿＿＿＿＿＿＿＿＿＿＿と会いました）

私は御社の＿＿＿＿＿＿＿＿＿とお会いし、御社で働きたいと思うようになりました。

1．＿＿＿＿　→　＿＿＿＿＿＿＿＿＿について詳しく伺う
2．＿＿＿＿　→　＿＿＿＿＿＿＿＿＿について詳しく伺う
3．＿＿＿＿　→　＿＿＿＿＿＿＿＿＿について詳しく伺う

私がぜひ取り組みたいのは、＿＿＿＿＿＿＿＿＿の仕事です。
また、＿＿＿＿＿＿＿＿＿、＿＿＿＿＿＿＿＿＿にも大変興味があります。

7　専門知識・専門能力・資格

志望企業（の志望職種）で役立つ専門知識や専門能力、資格を持っている場合、それをセールスポイントに、「志望動機」を組み立てる書き方。
研究職・技術職・専門職を志望する場合には、特に効果があります。

合格文例

◆太陽電池の研究開発業務を志望します（電子工学専攻）

■志望のきっかけ

御社の会社説明会で、研究開発部門の藤井様とお話しさせていただき、私が大学で研究していることが生かせると知り、大変興味を持ちました。

■抱負

大学では電子工学を専攻しており、毎日、海外の文献から最新の情報を収集し、実験室に泊まり込みながら、実験・分析に打ち込んでいます。卒業後はぜひ御社で働きたく思います。よろしくお願いします。

必勝テンプレート

◆＿＿＿＿＿＿＿＿＿＿＿＿＿＿＿を志望します
（＿＿＿＿＿＿＿＿＿＿＿＿＿＿＿＿＿専攻）

■志望のきっかけ

御社の＿＿＿＿＿＿＿＿＿で、＿＿＿＿＿＿＿＿＿とお話しさせていただき、＿＿＿＿＿＿＿＿＿が生かせると知り、大変興味を持ちました。

■抱負

＿＿＿＿＿＿＿＿＿を専攻しており、＿＿＿＿＿＿＿＿＿に打ち込んでいます。卒業後はぜひ御社で働きたく思います。よろしくお願いします。

8 企画案

やりたい仕事のアイディア（商品企画、ビジネスモデル）をセールスポイントに、組み立てます。アイディアの斬新さ、数の多さ（詳細は面接で説明してもよい）が差別化のポイントで、ありふれたアイディアでは逆効果です。

合格文例

◆商品開発の仕事に取り組みたい（企画案を10例お持ちします）

御社の会社説明会に参加させていただき、商品開発の仕事に大変興味を持ちました。その後、御社の商品を取り扱う店舗を10か所見学させていただき、他社の商品との比較研究も行いました。大学で50人の学生にアンケートを取りました。ネット上の口コミサイトで、すべての口コミを分析しました。新聞の過去の記事をスクラップして分析しました。

新商品の企画案を10例ほど考え、レポートにまとめましたので、面接の際、目を通していただければ幸いです。

必勝テンプレート

◆______________________の仕事に取り組みたい
（企画案を______________________お持ちします）

御社の会社説明会に参加させていただき、______________の仕事に大変興味を持ちました。その後、______________させていただき、______________も行いました。______________ました。______________ました。______________ました。

______________の企画案を______________例ほど考え、レポートにまとめましたので、面接の際、目を通していただければ幸いです。

9 インパクト体験

インパクトある体験をアイキャッチにして、文中に引き込む書き方。志望企業の商品・サービスに関する体験や、志望企業やそこでの仕事に興味を持つことに繋がった体験などが、高評価を得る秘訣です。

合格文例

◆きっかけは祖母の死です（命の大切さを痛感）

中学生のとき、同居していた祖母が病気になり、1年間の闘病生活の末、亡くなりました。私もずっと看病を手伝い、以下の3点を痛感しました。

・命の大切さ

・健康を維持する（取り戻す）ことの難しさ

・薬の力

中学生のころより、この業界に就職したいと考えていました。御社でMRとして働く中村様にお会いして、御社のMR職が第1志望となりました。

必勝テンプレート

◆きっかけは＿＿＿＿＿＿＿です（＿＿＿＿＿＿＿を痛感）

＿＿＿＿＿＿＿＿＿＿のとき、＿＿＿＿＿＿＿＿＿＿ました。私＿＿＿＿＿＿＿＿＿＿、以下の3点を＿＿＿＿＿＿＿＿＿＿。

・＿＿＿＿＿＿＿＿＿＿さ

・＿＿＿＿＿＿＿＿＿＿さ

・＿＿＿＿＿＿＿＿＿＿さ

＿＿＿＿＿＿＿＿＿＿のころより、＿＿＿＿＿＿＿＿＿＿と考えていました。＿＿＿＿＿＿＿＿＿＿して、御社の＿＿＿＿＿＿＿＿＿＿＿＿が第1志望となりました。

10 意外性・ユニークキャラ

やりたい仕事の根拠として、常識や一般論とは異なる説、意外性のある説を述べます。他の受験者とは異なるユニークなキャラとして、強く印象づけることができます。実際に仕事に役立つことを納得させる説得力が必要です。

合格文例

◆蝶の繁殖行動の知識は、広告の仕事に役立ちます

私は大学にて昆虫行動学を専攻し、蝶の繁殖行動、求愛行動の研究に特に力を入れました。たとえば、モンシロチョウは、やみくもにキャベツ畑を飛び回っているのではありません。飛び方や飛ぶ時間・場所は、メスの心を引きつけるために理にかなった方法を選択しています。私は動物の本能的な行動と、広告の基礎理論に共通点を多く発見し、大変感銘を受けました。

私は、昆虫行動学の知識を生かして、御社の仕事に貢献したいです。アイディアをレポートにまとめましたので、面接でぜひご覧ください。

必勝テンプレート

◆＿＿＿＿＿＿＿＿は、＿＿＿＿＿の仕事に役立ちます

私は大学にて＿＿＿＿＿＿＿＿を専攻し、＿＿＿＿＿＿＿に特に力を入れました。たとえば＿＿＿＿＿＿＿＿＿＿＿＿＿、＿＿＿＿＿＿＿＿＿います。私は、＿＿＿＿＿＿＿＿＿＿を発見し、大変感銘を受けました。

私は、＿＿＿＿＿＿＿＿＿＿＿＿＿＿＿＿＿を生かして、御社の仕事に貢献したいです。＿＿＿＿＿＿＿＿＿ましたので、面接でぜひご覧ください。

11 新しい生活様式と働き方

新型コロナ禍で、留学や課外活動、サークル活動などを経験する場が減った影響もあり、時勢に伴う生活の変化そのものについて、経験や考えを聞かれることが増えています。主に適応力が問われます。

合格文例

◆画像編集ソフトの操作をマスター

映画研究会の新入生歓迎イベントの開催ができず、キャンパスでの勧誘もできなかったため、ツイッターなどのSNSを使った新入会員集めに力を入れました。画像編集ソフトとグラフィックソフトの操作を短期間で覚え、アイコン用の画像と研究会のロゴマークや、WEB掲載用のチラシ画像をつくって勧誘を展開したところ、前年を5人上回る20人の新入生が映画研究会に加入しました。今では、鑑賞会のパンフレットや展示パネル、WEBサイトもパソコンで自作し、好評を得ています。貴社の宣伝資材やWEBメディアの作成にも、即戦力で貢献できます。

必勝テンプレート

◆＿＿＿＿＿＿＿＿＿＿をマスター

＿＿＿＿＿＿＿＿イベントの開催ができず、キャンパスでの勧誘もできなかったため、＿＿＿＿＿＿＿＿＿＿に力を入れました。＿＿＿＿＿＿＿＿＿＿ソフトの操作を短期間で覚え、をつくって＿＿を展開したところ、前年を＿＿上回る＿＿が＿＿＿に加入しました。

今では、＿＿＿＿＿＿＿＿＿＿もパソコンで自作し、好評を得ています。御社の＿＿＿＿＿＿＿＿＿＿の作成にも、即戦力で貢献できます。

3

「自己PR系」テンプレート

ここからは、「自己PR系」の文例です。ポイントは、自身のアピールポイントを、いかに志望企業に貢献できる力と繋げて伝えられるかです。この点を意識しながら書いてみましょう。

このテンプレートを使って作成した自分のオリジナルテキストは、すぐに使える文章であると同時に、今後たくさんのエントリーシートを作成するうえでベースとなってくるものです。オリジナルのテキストに企業ごとの加筆・修正を加えていくことで、「エントリーシートを書く地力」が上がっていきます。

1 スポーツ・習い事（実績・成績）

スポーツでの実績・成績をアピールポイントにして、見出しに配置する書き方。大会は小規模でもかまいません。高い目標を自ら掲げ、積極的に努力するタイプであることが伝われば、高評価が得られます。

努力したことや努力の方法が、志望企業の仕事でも役立つことがわかるように書きましょう。

合格文例

◆硬式テニスで、大会準優勝

高校生のとき、テニス部に所属していました。毎日、厳しい練習に取り組んだ結果、市の大会で準優勝することができました。

私が心がけたことは、以下の３点です。

①３年間一度も練習を休まない

②チームのだれよりも多く練習する

③つらくても絶対に弱音は吐かない

御社の仕事でも必ず成果を出します。よろしくお願いします。

必勝テンプレート

◆＿＿＿＿＿＿＿＿＿＿で、＿＿＿＿＿＿＿＿＿＿

＿＿＿＿＿＿＿＿のとき＿＿＿＿＿＿＿＿に所属していました。毎日、厳しい練習に取り組んだ結果、＿＿＿＿＿＿＿＿することができました。

私が心がけたことは、以下の３点です。

①＿＿＿＿＿＿＿＿＿＿＿＿＿＿＿＿

②＿＿＿＿＿＿＿＿＿＿＿＿＿＿＿＿

③＿＿＿＿＿＿＿＿＿＿＿＿

御社の仕事でも必ず成果を出します。よろしくお願いします。

2 スポーツ・習い事（身につけた特性・努力したこと）

スポーツで身につけた特性、または努力したことをアピールポイントにして、見出しに配置する書き方。高評価を得る秘訣は、根性や忍耐力、継続力、責任感があることが明確にわかる具体例と組み合わせてアピールします。

合格文例

◆ひじ打ちされても負けない根性あり（サッカー歴9年）
学生時代、サッカーに打ち込みました。ポジションはディフェンダーです。このポジションは、絶対にミスが許されない厳しさがあります。なぜなら、どんな小さなミスでも、即失点につながるからです。9年間努力し、「体力が限界の状態でもミスをしない集中力」と「チームのために体を張る精神」を培いました。私には、何度ひじ打ちされても、足をけられても、負けずにくらいつく根性があります。
御社の仕事でも、どんな困難にも負けずに頑張ります。

必勝テンプレート

◆____________________あり（__________歴____年）
学生時代、______________に打ち込みました。ポジションは______________です。このポジションは、______________があります。なぜなら、______________________________からです。
______________年間努力し、______________________________を培いました。私には、______________________________があります。
御社の仕事でも、______________________________頑張ります。

3 アルバイト（実績・成績・達成したこと）

アルバイトで達成したことや、実績、成績をアピールポイントにして、見出しに配置する書き方。アルバイト先と志望企業の業務は、異なってもかまいません。高い目標を自ら掲げ、積極的に努力するタイプであることが伝われば、高評価が得られます。

仕事に取り組む態度や努力の方法が、志望企業の仕事でも役立つことがわかるように書きましょう。

合格文例

◆販売目標の2倍を達成（家電量販店のアルバイト）

ある家電量販店の携帯電話売り場で、販売のアルバイトをしています。各メーカーの携帯電話の特徴をノートにまとめて商品知識を万全にし、営業成績トップの社員からセールストークを学び、お客様の目を引きつけるようにPoPと陳列を工夫して、販売台数を増やす努力をしています。その結果、販売目標の2倍である、1日16台（1時間に2台ペース）を達成し続けています。

必勝テンプレート

◆__________目標の________倍を達成（________のアルバイト）

ある____________________で、__________のアルバイトをしています。______________して商品知識を万全にし、________________からセールストークを学び、______________ように________________を工夫して、______________努力をしています。その結果、販売目標の__________倍である、______________を達成できるようになりました。

4 アルバイト（心がけ・努力したこと）

アルバイトで心がけていたこと、努力したことをアピールします。アルバイト先と志望企業の業務は異なっていても、仕事でも役立つことであればOK。具体的な行動事例を軸にアピールすることで、説得力を強くします。

合格文例

◆クレーム客にも率先して対応する（販売のアルバイト）

スーパーマーケットで販売のアルバイトをしています。店長から指名され、アルバイトリーダーとして、売り場とお客様の状況に目を配り、他のアルバイトに指示を出したり、お手本となる行動をする役割を担っています。私が特に心がけているのは、人が嫌がる仕事を率先して行うことです。たとえば、クレーム客にも進んで対応し、不満を解消して、笑顔で買い物をしていただけるようにしています。

必勝テンプレート

◆________________する（______のアルバイト）

________________で________________のアルバイトをしています。________________として、________________________________をする役割を担っています。

私が特に心がけているのは、________________です。

たとえば、____できるようになりました。

5　インターンシップ

インターンシップへの参加は、その企業への志望度の高さや就活への熱意、フットワークの軽さなどをアピールできます。インターンシップ参加を内定の条件にしている企業もあります。

合格文例

◆記者職を志望します（御社インターンシップに参加）

・志望のきっかけ

大学3年の夏、御社のインターンシッププログラムに参加しました。記者の山本様に同行し、取材や原稿の執筆をお手伝いさせて頂きました。仕事を実体験することで、記者になりたいという気持ちが定まりました。

・どんな記者を目指すか

学生時代にサークルの幹事を務めた私のモットーは「有言実行」です。上記の山本様に負けない行動力のある記者を目指して頑張ります。

必勝テンプレート

◆_____を志望します（御社インターンシップに参加）

・志望のきっかけ

大学_____、御社のインターンシッププログラムに参加しました。_____様に同行し、_____をお手伝いさせて頂きました。仕事を実体験することで、_____になりたいという気持ちが定まりました。

・どんな_____を目指すか

学生時代に_____を務めた私のモットーは「有言実行」です。上記の_____様に負けない_____を目指して頑張ります。

6 得意科目・ゼミ

得意科目やゼミでの実績・成績をアピールポイントにして、見出しに配置する書き方。得た知識が、志望企業の仕事内容との関連性が低い場合でも、好成績を得たことを見出しに配置すれば、学習能力の高さで高評価を得ることができます。勉強・研究への取り組み方に仕事にも役立つ点があると、さらに評価は高くなります。

合格文例

◆地域経済論（最高評価のＡ獲得）
地域経済の問題と解決策の分析に取り組みました。その結果、以下の３つのことを学びました。
①フットワークの大切さ　→８社の実地調査をした
②事前準備の大切さ　→訪問する企業は徹底的に調べる
③粘り強い交渉の大切さ　→何度断られても諦めずアプローチ
→成果を得るには積極的な行動が重要だと実感しました。

必勝テンプレート

◆＿＿＿＿＿＿＿＿（＿＿＿＿＿＿獲得）
＿＿＿＿＿＿＿＿に取り組みました。その結果、以下の３つのことを学びました。
①＿＿＿＿＿＿＿＿の大切さ　→　＿＿＿＿＿＿＿＿
②＿＿＿＿＿＿＿＿の大切さ　→　＿＿＿＿＿＿＿＿
③＿＿＿＿＿＿＿＿の大切さ　→　＿＿＿＿＿＿＿＿
→＿＿＿＿＿＿＿＿が重要だと実感しました。

7 サークル・課外活動

サークル・課外活動で力を入れたこと、達成したことをアピールポイントに。行動特性や努力の方法が、志望企業の仕事でも役立つことがわかるように書きます。高評価を得る秘訣は、具体例を軸にアピールすることです。

合格文例

◆オンライン先輩送別会を企画実行。仕事は準備９割の心がけで成功！
サークルの先輩（４年生）の送別会がコロナ禍で中止になった時、オンライン開催を提案して企画実行委員となりました。盛り上げるため、①歴代 OB のメッセージ動画制作、②４年生の自宅に前日サプライズプレゼント送付。③オンライン歌合戦、を企画。私が心掛けたのは「仕事は準備９割の精神」です。この結果、参加者 50 人全員に「今までで一番良かった」と言って頂けました。貴社の仕事でも「準備９割の精神」で取り組みます。

必勝テンプレート

◆＿＿＿＿＿＿＿＿を＿＿＿＿。＿＿＿＿＿＿＿＿！
＿＿＿＿＿＿＿＿＿＿＿＿＿＿＿＿になった時、
＿＿＿＿＿＿を提案して企画実行委員となりました。＿＿＿＿
＿ため、①＿＿＿＿＿＿＿＿＿＿、②＿＿＿＿＿＿
＿＿＿＿＿＿＿＿。③＿＿＿＿＿＿、を企画。私が心掛けたのは「＿＿＿＿＿＿＿」です。この結果、＿＿＿
＿＿＿＿＿＿＿＿＿＿＿＿＿＿＿＿ました。
貴社の仕事でも「＿＿＿＿＿＿」で取り組みます。

8 ボランティア活動

ボランティアの取り組み（実績・努力したこと・学んだこと）をアピール。行動特性や努力の方法、体験を通して得たことが、志望企業でも役立つことがわかるよう、具体例を軸に書きます。

合格文例

◆パソコン指導ボランティア 30 回（障害者のニーズをつかむ）

私は大学入学時から、将来家電メーカーで働きたいと思っていました。親戚に交通事故で体が不自由になった人がいることから、世界中の障害者が使いやすい家電製品を設計したいと考えるようになりました。そこで、地元の自治体の紹介で、養護学校のパソコン指導ボランティアをすることになり、30 回（30 人）ほど指導させていただきました。その結果、障害者が求める家電のあり方を、身をもって知ることができました。

必勝テンプレート

◆______________ボランティア ______ 回
（______________を______________）
私は______________から、______________と思っていました。______________ことから、______________と考えるようになりました。そこで、______________ボランティアをすることになり、______________ました。その結果、______________ことができました。

9　インターンシップ・就職活動

インターンシップの経験・実績をアピールします。仕事の態度、努力の方法が志望企業の仕事でも役立つことがわかるように書きます。志望企業と業種が異なる場合、志望企業が第一志望（志望度が強い）だとが伝わるように。

合格文例

◆成果は、達成目標の２倍（新規顧客開拓営業）

大学のインターンシッププログラムに申し込み、新規顧客開拓の営業に取り組みました。１日50件のペースで電話営業と訪問営業を行い、20人以上の顧客を開拓して、達成目標の２倍の成果をあげました。このインターンシップを通して学んだことは、以下の５点です。

①電話のかけ方、②業務メールの作成方法、③商品をアピールするフライヤーの作成方法、④交渉術・プレゼン力の大切さ、⑤納期を守ることの大切さ

必勝テンプレート

◆成果は、＿＿＿＿＿＿＿＿（＿＿＿＿＿＿＿＿）

＿＿＿＿＿＿＿＿に申し込み、＿＿＿＿＿＿＿＿の業務に取り組みました。＿＿＿＿＿＿＿＿を行い、＿＿＿＿＿＿＿＿して、＿＿＿＿＿＿＿＿の成果をあげました。このインターンシップを通して学んだことは、以下の＿＿＿＿点です。

①＿＿＿＿＿＿＿＿、②＿＿＿＿＿＿＿＿、③＿＿＿＿＿＿＿＿、④＿＿＿＿＿＿＿＿、⑤＿＿＿＿＿＿＿＿

10 趣味・特技

習い事、趣味、特技で得られたこと、または仕事に役立つ専門知識・専門能力・実務経験を軸にまとめます。高評価を得る秘訣は、どんな知識・能力・経験がどんな仕事に役立つか、または、役立てるかを具体的に書くこと。

合格文例

◆本番でミスをしない度胸あり（12年間のピアノで培う）

ピアノは、一見優雅に見えますが、舞台裏では非常につらく苦しい努力が必要です。私は厳しいことで有名な先生に師事していましたので、非常に高い目標が、多岐にわたり、細部にまで課されるのが当たり前でした。練習量も人の何倍も多く、汗でバスタオルがズッシリ重くなり、脱水症状になるほど激しかったです。その結果、高度な技術だけではなく、緊張感のある本番でも〝絶対にミスをしない度胸〟を培うことができました。

必勝テンプレート

◆＿＿＿＿＿＿＿＿＿＿あり（＿＿＿＿＿＿＿＿で培う）

＿＿＿＿＿＿＿＿＿は、＿＿＿＿＿＿＿＿＿が、＿＿＿＿＿＿＿＿＿＿＿です。私は＿＿＿＿＿＿＿＿＿＿ので、＿＿＿＿＿＿＿＿＿＿＿は当たり前でした。練習量も＿＿＿＿＿＿＿＿＿＿です。その結果、＿＿＿＿＿＿＿＿＿＿だけではなく、＿＿＿＿＿＿＿＿＿＿＿を培うことができました。

11 学生生活で得たもの

エントリーシートでは典型的な質問で、業種を問わずよく聞かれます。抽象的なものではなく、具体的でリアリティーがあり、かつ、その企業の仕事に役立つ内容を書くことが大切です。

合格文例

◆ゼミに打ち込み「積極性」が身につく

私は大学生活で、経営学のゼミに徹底的に打ち込みました。本をただ読むのではなく、自分から積極的に現場に出て、体当たり取材を敢行しました。

①社長 3 人の意見収集 → メンバーのアルバイト先の社長に聞く
②店長 5 人の意見収集 → 様々なお店を取材する
③ 30 人分のアンケート → 取材先の店の利用者に調査する

貴社に入社しても、仕事は率先して行い、期待の 3 倍以上働きます。

必勝テンプレート

◆ ________ に打ち込み ________ が身につく

私は大学生活で、________________ に徹底的に打ち込みました。ただ________________ ではなく、を敢行しました。

①________________ → ________________ する
②________________ → ________________ する
③________________ → ________________ する

御社に入社しても、仕事は率先して行い、期待の 3 倍以上働きます。

12 当社に対するイメージ

しっかりと企業研究ができているかを判断し、熱意の高さをはかる質問です。企業のことをよく調べたうえで、イメージと志望理由を関連付けて、仕事に対する意欲をアピールすることが大事です。

合格文例

◆3大イメージ

①センサー事業の仕事に対するやりがい（会社説明会で質問して感じたこと）

②自動ドアセンサーのシェアが業界トップ（40％）

③新事業・店舗での精算全自動化への取り組み（世界初）

私は、①のセンサー事業の仕事にぜひ取り組みたいと思い、また、③の新事業にも大変興味を持っているため、御社を第一志望として就職活動しています。説明会でお会いした御社のセンサー事業部の田中様が私の社会人としての理想像です。

必勝テンプレート

◆3大イメージ

①＿＿＿＿＿＿＿＿の仕事に対するやりがい（会社説明会で質問して感じたこと）

②＿＿＿＿＿＿＿＿のシェアが業界トップ（＿＿％）

③＿＿＿＿＿＿＿＿＿＿＿＿の取り組み（＿＿＿初）

私は、①の＿＿＿＿＿＿の仕事にぜひ取り組みたいと思い、また、③の新事業にも大変興味を持っているため、御社を第一志望として就職活動しています。説明会でお会いした御社の＿＿＿＿＿＿＿部の＿＿＿＿様が私の社会人としての理想像です。

4

「頻出質問」テンプレート

　ここからは、より実用的に、エントリーシートで非常に登場頻度の高い質問の合格文例とテンプレートを用意しました。
　すでにエントリーシートの定番の質問となっているものから、自社の新たなビジネスモデルや改善点を問うなどの、近年、急激に増えている質問内容まで、満遍なく紹介していきます。

1　どんな資格を持っていますか？

NG文例

英検３級、普通自動車免許、書道3段、日商簿記2級

➡期待されるレベルよりも低すぎる資格は、書かないほうがよい（英検３級）。
➡資格がどのように役立つかを書くべきです。

合格文例

日商簿記2級（お金の計算が素早く正確にできる。B/S、P/L がわかる）
書道3段（お客様に見やすく、好印象な字を書ける）
普通自動車免許（日常的に運転していて、県内の主要道路は熟知）
※ファイナンシャル・プランニング技能士2級を卒業までに取得するため、現在勉強中

➡志望企業の仕事にどう役立つかがわかるように、カッコで添え書きをしました。
➡現在勉強中の資格がある場合、そのことを書いて向上心のアピールを。

必勝テンプレート

＿＿＿＿＿＿＿＿（＿＿＿＿＿＿＿＿できる。＿＿＿＿
＿＿＿＿＿がわかる）
＿＿＿＿＿＿＿＿（＿＿＿＿＿＿＿＿＿＿＿＿＿＿＿
＿＿＿＿＿＿＿＿＿＿できる）
＿＿＿＿＿＿＿＿（＿＿＿＿＿＿＿＿＿＿＿＿＿＿）
※＿＿＿＿＿＿＿＿＿＿＿＿＿＿＿＿＿＿＿＿＿＿を
＿＿＿＿＿＿＿＿までに取得するため、現在勉強中

2 ゼミ・卒業論文のテーマを教えてください

NG文例

◆地域経済論

中心市街地活性化について研究しました。地域における需要と供給の関係をマクロとミクロの視点で分析し、持続的な発展のために必要な条件や手段をレポートにしました。

➡質問の意図は、ゼミや卒論で研究した内容や、研究への取り組み方（積極性・目標設定・行動力・成績等）に、自社の仕事に役立つことがあるかチェックすること。この文例では、仕事にどう役立つかがわかりにくい。

⬇

合格文例

◆地域経済論（売上向上方法の5地域比較研究。A評価獲得）

駅前商店街の売上増加方法について研究。すべての店舗に足を運び、実地調査をして、10のアイディアをレポートにまとめました。評価は、最高のAをいただきました。得られた知見は、仕事にも生かせます。

➡志望企業の仕事に役立つことや、高い成績を獲得したことを見出しに配置。ゼミや卒論がない場合は、特に力を入れている科目を題材にできます。

必勝テンプレート

◆________________論（____________）

____について研究。________________________________を考え、________________________________しました。評価は、______をいただくことができました。____は、仕事にも生かせます。

3 あなたの趣味・特技は何ですか？

ＮＧ文例

趣味：読書、歩くこと

特技：なし

➡平凡なこと、仕事に役に立たないことを書いても他と差をつけられません。

➡「なし」と書くと、向上心、積極性に欠けると疑われ、評価は大きく下がります。

⬇

合格文例

趣味：児童心理学の本を読むこと、ウォーキングの大会に出場すること

特技：パソコンのキーボード早打ち（1分間 200 字以上）

➡趣味・特技は、仕事に役立つことを選び、他の受験者と重ならないような表現を工夫するとよい。ない場合は、志望する仕事に役に立つ、新たな趣味を始めたり、新たな特技を作ろうとするくらいの積極性が必要です。

➡児童書専門の出版社志望だったこの内定者は、児童心理学の本を読み始め、また、地元の自治体主催のウォーキング大会に出場しました。

必勝テンプレート

趣味：＿＿＿＿＿＿＿＿＿＿＿＿＿＿＿＿＿＿＿＿こと、

＿＿＿＿＿＿＿＿＿＿＿＿＿＿＿＿＿＿＿＿＿＿こと

特技：＿＿＿＿＿＿＿＿＿＿＿＿＿＿＿＿＿＿＿＿＿

（＿＿＿＿＿＿＿＿＿＿＿＿＿＿＿＿＿＿＿＿）

4 最近関心のあるニュースは何ですか?

NG文例

地球環境問題について、関心があります。最近は、集中的な豪雨が続いたり、逆に渇水になったりと、天候がとても不安定に感じられるからです。

➡質問の意図は、志望企業の仕事や業績に影響のあるニュース・出来事にアンテナを張っているかをチェックすること。この文例のように、個人的な関心事を書いてしまうと、仕事に対する熱意に欠ける人、視野の狭い人に見られます。

⬇

合格文例

御社の商品の中国市場での売上が、昨年比15%増になったというニュースに関心があります。その陰にどんな人のどんな努力があったのか、ぜひ知りたいです。

➡志望企業に関するニュースは必ずチェックし、重要な数字は覚えておきます。志望企業・志望業界の新聞記事をスクラップすると、役に立ちます。

必勝テンプレート

御社の＿＿＿＿＿＿＿＿＿＿＿＿＿＿＿＿というニュースに関心があります。＿＿＿＿＿＿＿＿＿＿＿＿＿＿＿＿＿＿＿＿＿＿＿＿＿＿＿＿＿ぜひ知りたいです。

5　あなたの短所は何ですか？

NG文例

そそっかしいことです。アルバイトでもお客様の注文を勘違いしてしまったことが何回かあり、それ以来、重要なことはメモをとってミスを防いでいます。

➡この質問は、「当社の仕事を高いレベルでこなすために、足りない知識・能力・経験は何ですか？」と読み替えて考えます。この文例は、志望企業の仕事に関連することに触れていないので、志望企業への熱意が感じられません。

⬇

合格文例

御社でデザインの仕事をするためには、まだまだスキルが足りないことです。会社説明会で市川様から仕事内容を詳しく伺い、痛感しました。私はIllustrator® クリエイター能力認定試験2級には昨年合格しているので、今年はPhotoshop® クリエイター能力認定試験2級と、色彩検定3級に挑戦します。卒業までに合格できる（……）

➡志望企業に対する熱意が伝わる内容。積極性・向上心も感じられます。

必勝テンプレート

御社で______________________________の仕事をするためには、まだまだ________________________が足りないことです。__________で__________________様から仕事内容を詳しく伺い、痛感しました。私は__________
__________ので、______________________します。
______________________________ように、頑張ります。

6　当社の短所は何ですか？

ＮＧ文例

学生にも買いやすい、低価格の商品がないことです。そして、デザインも落ち着いたものが多いので、正反対のイメージの、たとえば原色を中心とした色づかいの商品群もあるとよいと思いま（……

➡質問の意図は、客観的な根拠に基づいた発言をする人かどうか、短所も知ったうえで志望しているかどうかをチェックします。この文例は、自分の思い込みを語っているだけで企業研究不足。商品の価格やデザインの選定は、企業が販売戦略としてあえてやっていること。

⬇

合格文例

中国市場でのシェアが、達成目標より低いことです。これは御社の中長期経営計画の今後の課題の筆頭にあげられていたことで、御社の海外部主任の山本様にも詳しく伺いました。現在 10％のシェアを3年後に 30％にする計画があるそうですが、海外部志望としてとてもやりがいを感じます。

➡企業の公式の報道に基づいたものや、社員から直接聞いたことをあげ、志望動機や自己 PR に関連づけられました。

必勝テンプレート

______________________________ことです。これは
______________________________ことで、御社の
______________________________にも詳しく伺いました。
______________________________そうですが、
______________________________を感じます。

7 学生時代に苦労したことは？

NG文例

大学で所属するイベントサークルで、あるとき、大学祭への参加方針をめぐり、メンバーが2つに分かれ、対立してしまいました。解散の危機に陥りましたが、みんなで集まって話しあった結果（……

➡質問の意図は、高くて困難な目標を自らの意思で掲げ、粘り強く取り組むタイプかをチェックすること。典型的なＮＧパターンは、①成り行きで陥った苦労（この文例）、②努力不足で陥った苦労、③他人から与えられた苦労。

⬇

合格文例

◆ TOEICのスコア300点アップを目標に掲げたこと

大学入学時のTOEICのスコアは500点でした。CAになることをめざしていたので、卒業までに300点アップすることを目標にしました。700点を超えるのが大変で、平日は3時間勉強し、土日は8時間勉強して、現在280点アップまできました。あと20点ですが、さらに目標を上げて努力していきます。

➡自ら高い目標を掲げる積極性、チャレンジ精神が感じられます。

必勝テンプレート

◆ ______________ を目標に掲げたこと

大学入学時の______________は______________

でした。______________めざしていたので、______________

______________を目標にしました。______________が大変

で______________して、現在______________。

______________努力していきます。

8　あなたの夢は何ですか？

NG文例

◆ゲームの概念を変えてみたい

私の夢は、ゲームの創造的破壊です。ユーザーが考えるゲームの概念とは違う作品を作り、衝撃を与えたいです。ゲームに常に課せられているのは、マンネリ化を打破することだと思います。（……

➡質問の意図は、受験者の夢が、自社の中長期経営計画の方向性と一致しているかどうかをチェックすること。この文例は、自分の漠然とした願望を述べているだけで、企業の発展に貢献できる人物には感じられない。

↓

合格文例

◆御社にて、アバターゲームの世界ポータルサイトを作ること

夢は、世界規模のアバターゲームのポータルサイトを作ることです。現実世界に存在する年齢や言語の壁を取り払い、世界中の人がアクセスして、交流できる場を作りたいです。私は、御社の中長期経営計画にあるエンターテイメントハブ構想に感銘を受けました。ぜひそれを推進したいです。

➡志望企業が今後力を入れる事業（中長期経営計画）をしっかり研究している。ビジネスの視点で夢を考えている。

必勝テンプレート

◆御社にて、＿＿＿＿＿＿＿＿＿＿＿＿＿＿

夢は、＿＿＿＿＿＿＿＿＿＿です。＿＿＿＿＿＿＿＿＿＿たいです。私は、＿＿＿＿＿＿＿＿＿＿に感銘を受けました。ぜひそれを推進したいです。

9 自分を花にたとえると何ですか？

NG文例

◆〝ひまわり〟です

私のセールスポイントは、ひまわりのような笑顔と明るさだからです。

➡質問の意図は、独創性な発想力・表現力があるかチェックすること。したがって、次のような書き方はNG。①他の受験者の返答と重なっている、②表現に独創的な発想力が感じられない、③花の名称だけを単純に答えている。

合格文例

◆火山の噴火口付近に咲く、紅色の〝コマクサの花〟です

コマクサは、他の植物は育たない厳しい環境でも生き生き育つ、強さナンバーワンといわれる高山植物です。私もテニス部の厳しい練習で鍛えた体力と精神力で、御社で力強く働きます。

➡クリエイティブ系の質問で高評価を得るには、修飾語を複数つけて表現を工夫し、個性を出して、自己PRや志望動機と関連性を持たせます。

必勝テンプレート

◆_____に咲く、_____色の〝__________________〟です

____________________は、____________________です。私も____________________で、御社で____________________ます。

10 他の受験先はどこですか？

NG文例

三菱UFJ銀行、資生堂、JTB、味の素、オリエンタルランド

➡質問の意図は、志望業界が絞れているか、自社が第1志望かをチェックすること。したがって、受験先の業界がバラバラだと、志望業界が絞れておらず、自社に対する志望度も低い受験者だと疑われます。

合格文例

三菱UFJ銀行、三井住友銀行、みずほフィナンシャルグループ、東京海上日動火災。
※第1志望は御社です。

➡受験先は、同業界の同規模の企業にしておくとよいです。他業界の企業は1社か2社程度にとどめましょう。何十社も受けている場合でも、真剣に受けている企業だけにして、すべて書く必要はありません。スペースがある場合は、第1志望であることを書き添えるとよいでしょう。

必勝テンプレート

＿＿＿＿＿＿＿＿＿＿＿＿＿＿＿＿、＿＿＿＿＿＿＿＿＿＿＿＿＿＿＿＿、
＿＿＿＿＿＿＿＿＿＿＿＿＿、＿＿＿＿＿＿＿＿＿＿＿＿＿。
※第1志望は御社です。

11 自分にキャッチフレーズをつけてください

NG文例

何事も努力を惜しまず、最後までやり遂げる、根性人間です。

➡質問の意図は、キャッチフレーズ作成の基本を踏まえ、効果的なフレーズを考えられるかをチェックすること。この文例は、キャッチフレーズ作成の基本を理解しておらず、キャッチフレーズの要件を満たしていません。

合格文例

顔面スマッシュ1000本。地獄のテニス練習に打ち勝った、斉藤です。

➡キャッチフレーズの基本は、宣伝対象の名称とそのセールスポイントを明確に表す言葉を組み合わせること。企業の宣伝の例では、「かつお風味のほんだし」「セブンイレブン、いい気分」「すぐそこサンクス」などがあります。

必勝テンプレート

____________。____________に____
____________した、____________です。

12 あなたにとって魅力的な人とは？

NG文例

責任感が強く、チームのために目標は確実に達成する、有言実行型の人物です。なぜなら、信頼を得るためにとても大切なことだと思うからです。私もこのような社員になれるよう、一生懸命努力します。

➡質問の意図は、志望企業に対して、フットワークを使った熱心な企業研究をしているかどうかをチェックすること。志望企業に目標とする社員がいると、志望度の強さが感じられる一方、一般論を述べると、志望度は低いと評価されます。

⬇

合格文例

御社の営業部の井上大輔様のように、自ら高い目標を掲げて努力する人です。店舗見学をさせていただいた際に仕事の話を詳しく伺い、感動しました。私も井上大輔様のようになることを目標に、一生懸命努力します。

➡会社説明会やOB・OG訪問、店舗・工場見学などで、志望企業の社員に、仕事への取り組み方、目標や成果、努力していること、社員としての心がまえを聞くとよいです。複数の社員を挙げるのものお勧めです。

➡時間がない場合は、企業・社員紹介ページ掲載の社員を挙げるとよいです。

必勝テンプレート

御社の＿＿＿＿＿＿＿＿＿＿部の＿＿＿＿＿＿＿＿＿＿様のように、＿＿＿＿＿＿＿＿＿＿する人です。＿＿＿＿＿＿＿＿＿＿際に＿＿＿＿＿＿＿＿＿＿、感動しました。私も＿＿＿＿＿＿＿＿＿＿様のようになることを目標に、＿＿＿＿＿＿＿＿＿＿します。

13 リーダーシップをとった経験はありますか？

ＮＧ文例

大学ではテニスサークルとゼミの両方で、代表になりました。どちらにおいても、メンバーが楽しく参加できるように、縁の下の力持ちになることを心がけ、不満の聞き役や調整役になって盛り上げました。

➡質問の意図は、高い責任感を持ち、期待以上の努力をして、組織やメンバーのために自分の役割を務めあげ、大きな貢献をしたかどうかをチェックすること。代表や主将のようなトップの役職でなくても、まったく問題ありません。

合格文例

テニスサークルの会計を、根本的に改革しました。私は、各勘定科目の支出入が不正確な管理から、会計ソフトによる正確な管理に変えました。不明朗な部費の使用目的と金額は会議にかけ、全員が納得できるようにしました。

➡一見リーダーとはいえない役職でも、努力したことが具体的で、組織全体のために役立ったことが明確ならば、トップの役職を平凡に務めただけの人よりも、格段に高い評価が得られます。

必勝テンプレート

＿＿＿＿＿＿＿＿＿＿の＿＿＿＿＿＿＿＿＿＿を、＿＿＿＿＿＿＿＿＿＿しました。私は、＿＿＿＿＿＿＿＿＿＿しました。＿＿＿＿＿＿＿＿＿＿しました。

14 当社のWEBサイトを見た感想は？

ＮＧ文例

とても見やすく、わかりやすい作りになっていると思います。たとえば、商品の説明には、写真だけではなく、動画も使われているので、リアルなイメージが伝わってきました。

➡質問の意図は、消費者や商品等のファンとしての視点で企業を見ているのか、それとも、働くことを意識した視点で企業を見ているのかチェックすること。閲覧したページやその感想が商品に関するものだけだと、評価は低い。

⬇

合格文例

採用情報ページで、営業部門の高橋様が書かれた、仕事のやりがいについての文章を読み、企画提案業務に特に興味を持ちました。そして、会社説明会で質問させて頂きました。また、株主・投資家向けページの中長期経営計画の新事業にも、大変感銘を受けました。

➡一般的な消費者向けのページは見ていて当たり前、仕事内容や経営に関するページも熟読していてこそ、本気で働きたい思いが伝わります。

➡読むだけでなく行動につながっていると、評価はさらに高まります。

必勝テンプレート

______________ページで、______________についての文章を読み、______________しました。また、______________ページの______________にも、大変感銘を受けました。

15　学生時代、最も力を入れてきたことは？

NG文例

社会福祉論のゼミのプレゼンテーションに、最も力を入れました。最初はうまくできなかったのですが、担当の教授に質問をして内容を深め、最後には自分なりに納得がいくレベルのものができました。

➡質問の意図は、高い目標を明確に掲げ、着実な努力をする行動特性を持っているかどうかをチェックすること。目標が低い内容や、目標がなく成り行き任せの内容、この文例のように成績等の客観的な成果がなく自己満足的な内容では、評価は低くなります。

⬇

合格文例

TOEIC800点突破を目標とした、英語の勉強です。大学の英語特訓プログラムとオンライン英会話レッスンの受講に力を入れて、600点から750点までアップさせました。卒業までに必ず目標を達成し、御社の仕事で貢献できる力をつけます。

➡①高い目標を掲げている、②着実に努力を積み重ねている、③成果を客観的に述べている、この3つによって高評価を得られます。
➡目標を達成していない場合は、この文例のように今後の抱負をしっかり述べることが大切です。

必勝テンプレート

_______________を目標とした、_______________
です。_______________して、_______________
しました。_______________までに必ず_______________
_______________し、御社の仕事で_______________ます。

16 志望企業の選択基準を教えてください

NG文例

私の企業の選択基準は、その仕事をやり遂げたら、自分のなりたい自分になれるかどうかです。仕事を通して、人間として価値のある存在になれるかどうか、ということに重点を置いています。なおかつ、この人たちなら一緒に頑張っていけると思える環境かどうかも重要なポイントになります。

➡この人物を採用する企業側のメリットが何も書かれていません。

⬇

合格文例

◆私の「3つの力」を生かせる企業で働きたい

私は3年間のカフェのアルバイトから次の3つの力を身につけました。

①迅速な顧客対応 → 1日に1500杯コーヒーを売る（店内1位!）

②柔軟な接客能力 → 年齢層に合わせて注文を取る

③リーダーシップ → リーダーとして、後輩を指導する

→以上3点の強みを生かせる企業で働きたいと思っています。それが御社です。ぜひよろしくお願いいたします。

➡自己PR（採用するメリットをアピール）型の内容に改善しました。

➡アピールポイントを箇条書きにして、読み手が一目でわかるようにしました。

➡その企業で仕事をしたいことを述べ、熱意をアピールしました。

17 当社事業の改善点を考えてください

NG文例

改善すべき点は、高コスト体質です。人件費を削減することは難しいですが、大きな課題です。また、テナント店舗が他の百貨店と似ており、差別化できていないので、御社らしさを打ち出すべきだと思います。

➡課題を書くだけでなく、自分がそれにどう関わるかを書かないと、その企業に対するやる気や熱意が伝わりません。

合格文例

OG 訪問と店舗見学を通して、以下の課題が分かりました。
①高コスト体質（人件費・商品在庫管理など）
②特色の希薄化（多くの百貨店が同類ブランドを配置）
私は御社で以下のことに挑戦し、上記の問題も解決したいです。
①入社 5 年以内にショップマスターとなり、効率的店舗経営にも挑戦
②入社 10 年以内にバイヤーとなり、独自ブランドの企画・開発に挑戦

➡企業サイトの「経営計画」「アニュアルレポート」に記載の当社の課題や目標を軸にして書く方法もあります。
➡要点を箇条書きにすることで、一目でわかるようにしました。
➡課題に対してどのように取り組むかを書き、やる気をアピールしました。

18 フリースペースの書き方

フリースペースでは、写真やイラスト、グラフ、文章などで自己PRします。“目を引くポーズの写真”をアイキャッチに使うと、高い評価を得られます。写真の撮り方は次の3種類です。

①相当努力した人にしかできないポーズ

例：180度の開脚、高いジャンプ、弓なりに大きくしなる身体

②頑張っていることが一目で伝わる躍動感あるポーズやシーン

例：強くラケットやバットを振る姿と気合いの入った表情、空中をジャンプしながらボールをつかむ姿と気合いの入った表情

③努力したことの証明となるポーズやシーン

➡180度の開脚を、つま先が顔よりも高く上がっていることが目立つように、足側の斜め下から撮影。写真を大きくしてインパクトを出している。

“目を引くポーズの写真”が撮れない場合は、“巧みな映像表現の写真”でアピールする方法もあります。写真の撮り方は次の3種類です。

①強調したい部分を接写して遠近感を出し、インパクトを強める

例：サッカーのシュートシーンをけり足から上半身へのアングルで接写、バスケットボールのパスシーンをボールから顔へのアングルで接写

②頑張っていることが一目で伝わる生き生きしたポーズやシーン

例：アルバイトで非常に重い荷物を持っている姿と気合いの入った表情、アルバイトで大量のお皿を器用に持っている姿と爽やかな笑顔

③連続写真やビフォーアフター写真にして、おもしろみや躍動感出す。

➡アルバイトで頑張っている様子の映像。90度に曲がったひざや、あごまで使って全身で大きな段ボール箱を支えているポーズが、つらい状態を表現している。

特典

自己PRの言い換え表現

学生が志望企業に対してアピールしたい自己PRポイントは、そうバリエーションが多くあるわけではありません。例えば、「向上心」や「責任感」などは、非常に多くの学生が自己PRとして用います。そのため、ただ「向上心」「責任感」と書いても、その他多くのエントリーシートに埋もれてしまい、ライバルに差をつけることはできません。

そこで、自己PRによく使われる言葉の言い換え表現を、多彩なバリエーションで紹介します。これを参考にすれば、ライバルと差別化し、より的確な表現を見つけることができるでしょう。また、1枚のエントリーシートの中でも、同じワードを繰り返し使うよりも、違った言い回しを用いたほうが、単調さがなくなります。

1 「向上心」「責任感」の言い換え

「向上心」の言い換え

①挑戦し続ける心
②現状に甘んじない
③現状を打破して進歩する力
④上を目指す姿勢
⑤自己開発意欲
⑥開拓者魂
⑦フロンティア魂
⑧高みを目指す姿勢
⑨１番を目指す意志
⑩進取の気性
⑪挑み続ける魂
⑫執念深い上昇志向
⑬目標の遂行能力
⑭新世界を目指す意志
⑮挑戦的姿勢

「責任感」の言い換え

①強い使命感
②義務を重んじる精神
③ルールを重んじる心
④規律を尊重する精神
⑤私がやらねばの精神
⑥信義を大切にする
⑦義務を100％果たす
⑧規範意識が強い
⑨固く信頼される人
⑩頼りにされる人
⑪高いプロ意識
⑫責務を果たす強い意志
⑬当事者意識を持つ
⑭自分がやらねば誰がやる精神
⑮任務をやり遂げる強い意志

●言い換え例
私には、向上心があります。
→私には、挑戦し続ける心があります。
非常に多くの受験者が使うありきたりな言葉（向上心）を使うよりも、印象に残るようになります。

2 「粘り強さ」「協調性」の言い換え

「粘り強さ」の言い換え

①諦めずにがんばる気力
②耐え忍ぶ力
③絶望的な状況でも諦めずに取り組む精神
④強い粘着力
⑤苦しくても決して諦めない気力
⑥不屈の闘志・不撓不屈の闘志
⑦なにくそ魂
⑧逆境を突き進む馬力
⑨困難をはね返す力・困難を押し返す力
⑩逆境の突破力
⑪根気強い・辛抱強い
⑫最後までやり遂げ、結果と真剣に向き合う
⑬初志貫徹の精神
⑭志を最後まで貫く執念
⑮苦労に耐えて邁進する力

「協調性」の言い換え

①団結して事にあたる
②和の精神
③高い協業力
④共同作業を成功させる力
⑤連携を組むのが得意
⑥他人と助け合いながら円滑に仕事を進めて目標を達成できる
⑦相手の気持ちを理解して歯車を合わせられる
⑧協調性がないメンバーとも協業できる
⑨周囲と調和を保ちながら物事に取り組む
⑩メンバー達の考えを尊重しながらチーム力を高める
⑪メンバーの話をよく聞いてチームの団結力を高める
⑫各自の意見を少しずつ採用して調和を取りながら物事を進める
⑬目的を達成するために献身的な貢献を厭わない
⑭組織全体を優先して柔軟な対応ができる
⑮他人と協力しながら円滑に仕事を進めて成果をあげられる

3 「気配り」「チャレンジ精神」の言い換え

「気配り」の言い換え

①思ん量り
②懇切
③顧慮
④心を砕く
⑤親身になる
⑥心をゆきとどかせる
⑦深く考えて思いをめぐらす
⑧周囲の状況を正確に判断し、先回りして行動する
⑨相手の要望を察知し、適切な行動をとれる
⑩周囲の状況を確認して行動できる
⑪やるべきことを判断し、率先して行動できる
⑫周囲の人に優しく思いやりのある配慮をする
⑬相手の立場になって、考え行動する
⑭困っている人に歩み寄り、手を差し伸べる
⑮周りの環境を把握して、臨機応変に対応できる

「チャレンジ精神」の言い換え

①挑戦者魂
②開拓者魂
③青雲の志
④あくなき追求心
⑤自分を磨き、より良いものを目指す気概
⑥初めてやることでも意欲的に取り組む精神
⑦自ら高い目標を定めて、それに向かって努力する力
⑧困難なことでも率先して立ち向かう力
⑨新しいことに挑戦するバイタリティー
⑩達成するまで諦めずに行動し続ける執念深さ
⑪目的意識を持ち、成し遂げるまで継続する力
⑫精魂を傾け続けるチャレンジャー
⑬勝つまでしつこく続ける負けず嫌い
⑭失敗や叱責も発奮材料にして努力をやめない打たれ強さ
⑮プレッシャーをバネに変えるメンタルの強さ

4 「体力」「行動力」の言い換え

「体力」の言い換え

①馬力

②活力

③バイタリティー

④タフガイ

⑤スタミナが続く・スタミナがある

⑥力がみなぎる

⑦腕っぷしが強い

⑧疲れ知らず

⑨ガッツあふれる

⑩筋骨隆々の体・鍛えに鍛えた体・鋼の筋肉

⑪頑強な体力・強靭な体力・屈強な体力

⑫猛牛のような体力・重戦車のような体力

⑬ヘラクレスのような体力

⑭火を噴くような体力・弾けるような体力

⑮弩級の体力

「行動力」の言い換え

①実行力

②積極的に課題解決

③前進思考

④有言実行・不言実行

⑤フットワーク

⑥迅速行動・やることが速い・仕事が迅速

⑦物怖じしない

⑧すぐやる・即座に取り掛かる

⑨成果が出るまで走り続ける

⑩求められていることを察して実行に移す

⑪自ら高い目標を設定し、即座に実行に移して達成する

⑫素早い行動力・仕事が速い

⑬やりきる力・仕事が終わるのが早い。

⑭設定した目標を達成するために自発的に動く

⑮先を見据えた行動をして余裕を持って目標を達成できる

5 「リーダーシップ力」の言い換え

「リーダーシップ力」の言い換え

①牽引力

②組織を束ねる力

③組織の目標や計画に向かってチームを束ねて達成する力

④まとまりのない組織に団結力をもたらして目標を達成する力

⑤メンバーの信頼を得て、チームを１つの方向に引っ張っていく力

⑥目標の実現に向けて、メンバーのモチベーションを高め、実現する力

⑦チームに具体的な目標を設定して、組織力を高めて粘り強く取り組み、達成する力

⑧自分が先頭に立って、メンバーを引っ張っていく力

⑨チームのメンバーと意志疎通を図り、協力体制を高めて目標を達成する力

⑩チームのメンバーの気持ちを１つにまとめ、目標を共有しながら実現していく力

⑪メンバーお互いが励まし支えるような人間関係を作り、目標を達成する力

⑫チームで目標を共有し、各自にやる気を起こさせ、粘り強く取り組み達成する力

⑬目標を具体的な数値や行動計画として設定し、組織力を生かして取り組み達成する力

⑭チームの各メンバーの能力・状態を把握しながら、高い目標を達成する力

⑮変化する状況（逆境）の中でも高い目標を設定し、メンバーを巻き込み、達成する力

付録

メール・履歴書・手紙のマナー

履歴書の書き方

履歴書用紙は、大学名入りのものがあればそれを使います。市販の履歴書用紙を使う場合は、自分の書きたい項目・書ける項目の記入欄が大きいものを選ぶとよいでしょう。

文字は楷書で、心を込めてていねいに書くことが大切です。書きまちがえた場合は修正液を使わず、新しい用紙に書き直します。履歴書用紙は余分にそろえておきましょう。

氏名・生年月日・連絡先などの書き方

・数字は「算用数字」に統一する。
・年号は「元号」（令和など）で書くのが一般的。
・「ふりがな」と書いてあるときはひらがなに、「フリガナ」と書いてあるときはカタカナにする。
・住所は都道府県から省略せずに書く。
・電話番号も、固定電話の場合はきちんと市外局番から書く。
・Eメールアドレスは、ブロック体で書く。

学歴・職歴の書き方

・大学入学以前の学歴は、卒業年度だけを書けばよい。小学校や中学校の卒業年度は、省略してもかまわない。
・学校名は省略せずに正確に書く。大学名は学部名・学科名も書くこと。
・上の行と同じ内容が続く場合も、くり返し記号「〃」は使わない。
・基本的にアルバイトは「職歴」としては書かない。ない場合は「なし」と記入する。

➡罫線のない用紙の場合は書く前に定規で線を引き、書き出しの位置や階層に配慮して記入することが大切です。

履歴書の書き方の見本

「ふりがな」とある場合は、ひらがなで書く。

履　歴　書　・　自　己　紹　介　書

名前はやや大きめの文字で書く。

令和　　年　　月　　日現在

写　　真 （縦 4cm × 横 3cm） 写真の裏面に大学名、氏名を記入すること

写真ははがれることがあるので、裏に氏名と学校名を書いておく。スピード写真はNG。スーツを着用して写真館で撮影すること。

ふりがな	やまざき　たかし	性別	生　年　月　日
氏　名	山崎高志	男	平成◯年◯月◯日生 （満 21 歳）

現住所	神奈川県横浜市港北区日吉◯丁目◯番地◯号	郵便番号 223-0000 電　話 （03）0000-0000
Eメールアドレス		
ふりがな 帰省先		郵便番号 電　話 （　　）　　-

番地は「1－2－3」などとせずに、「1丁目2番地3号」と正確に書く。

1行目の中央に「学歴」と書く。

学　歴　・　職　歴			
			学歴
令和	◯	3	神奈川県立◯◯高等学校　卒業
令和	◯	4	◯◯大学経済学部経営学科　入学
令和	◯	3	◯◯大学経済学部経営学科　卒業見込み
			職歴
			なし
			以上

公立の場合は「◯◯県立」から始め、最後は「高校」ではなく「高等学校」。

「学歴」を書き終わったら、次の行の中央に「職歴」と書く。

くり返し「〃」は使わない。

最後に「以上」と入れる。

研究課題または興味ある科目（好きな科目）	
学業以外で力を注いだ事柄（例えばスポーツ・サークル・ボランティア活動など）	
免許・資格・特技	趣味
自己PR	
志望動機	

エントリーシート・履歴書を提出する前に

心を込めて書き上げた履歴書やエントリーシートも、初歩的なミスがあると、評価を落とす原因になってしまうかもしれません。郵送や提出の前に、次の点を必ずチェックしましょう。

提出前にここをチェック!

エントリーシート・履歴書について

- □ 記入もれ、書きまちがいはないか
- □ 印鑑を押し忘れていないか、鮮明に、まっすぐ押してあるか
- □ 写真を貼り忘れていないか、はがれそうになっていないか
- □ 鉛筆で引いた罫線や下書きをきれいに消してあるか
- □ コピーはとってあるか

提出方法について

- □ 提出期限と提出方法（郵送・持参・その他）にまちがいはないか
- □ 同封するように指示のあった書類を忘れていないか
- □ 複数の企業に提出する場合、提出先をまちがえていないか
- □ 複数枚ある場合、正しい順番にそろえてあるか
- □ 添え状を書いて同封したか（添え状の書き方は214ページ参照）

封筒について

- □ あて名は正確に書いてあるか（あて名の書き方は右ページ参照）
- □ 切手は正しい金額をはがれないようにまっすぐ貼ってあるか
- □ しっかりと封がしてあるか

封筒の書き方

エントリーシートや履歴書を郵送するときは、折らなくても入る大きめの封筒を使いましょう。折り目のついた書類は、見た目がよくないだけでなく、多忙な企業の担当者に、「広げてファイルする」という手間をかけてしまいます。書類が何枚かある場合は､順番をそろえてクリップで留め､クリアファイルにはさんでから封筒に入れましょう。

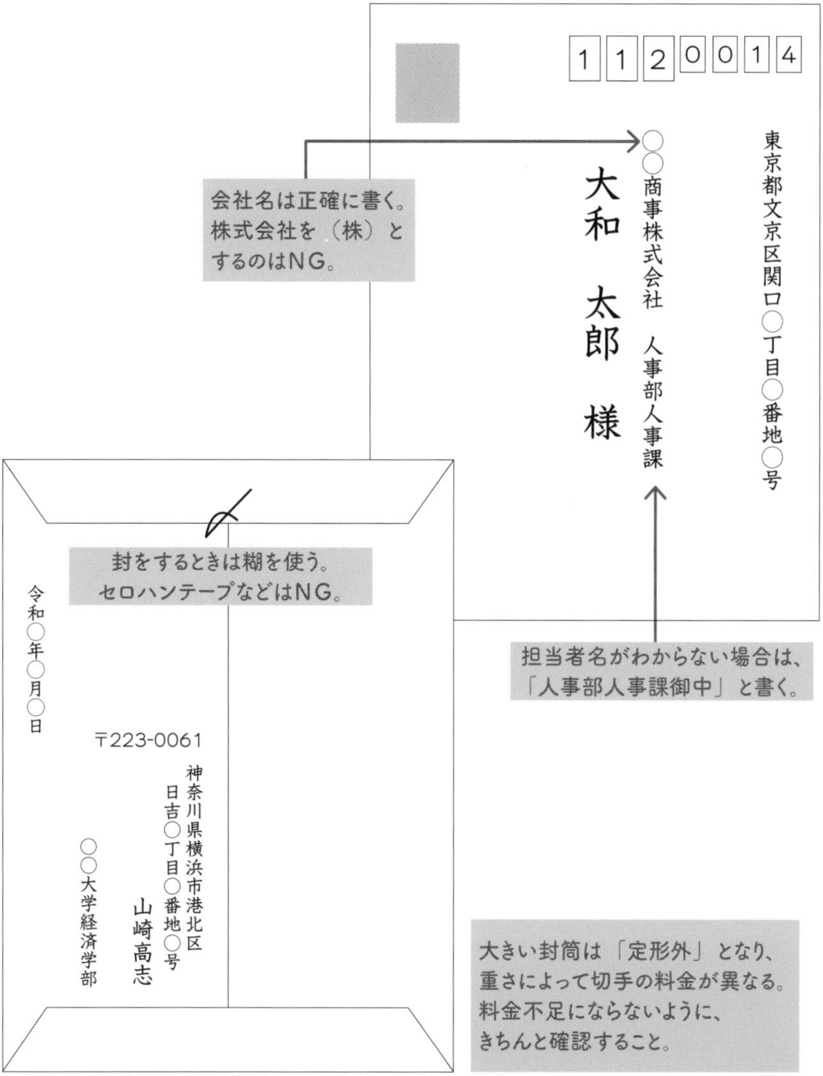

メールのマナー

就職活動では、企業の採用担当者やＯＢとメールで連絡をとり合うことが一般的です。メールを上手に使うためのマナーを、確認しましょう。手紙の書き方とは違う点もありますので、注意が必要です。

ビジネスメールの基本

・「件名」は、用件がひと目でわかる内容にする。
・最初に、相手の社名・部署名・フルネームを省略せずに書く。
・頭語や結語、時候のあいさつは不要。
・文章の書き出しで、まず自分の名前を知らせる。
・１行は全角 30 ～ 40 字前後にして、「、」や「。」などの区切りのよいところで改行する。
・文章は、わかりやすく簡潔にまとめる。
・１段落は５～７行前後にして、段落と段落の間は１行あける。
・相手の名前の漢字まちがいや、変換ミス、脱字に注意する。
・①②やⅠⅡ（ローマ数字）などの「機種依存文字」は、文字化けすることがあるので使わない。
・最後に「署名」を入れる。
・メールアドレスやメーラーの表示がふざけた印象を与えるものでないか確認する（場合によっては変更する）。
・送信する前に、必ず読み直す。

メールのビジネスマナー

・緊急の連絡は、メールではなく電話にする。
・メールでの問い合わせにいつまでも返信がない場合は、２～３日後に電話をかけて、メールが届いているか確認する。
・相手から返信があったら、必ずお礼のメールを出す。ただし、何度も続けて質問やお礼のメールを出さないこと。

メールの基本パターン

メールならではの件名のつけ方、相手と自分の名前を入れる位置、頭語や結語、時候のあいさつの省略など、次ページ以降で紹介する手紙の作法と違う点をチェックしてみましょう。

宛先　：“ 高橋太郎様（○○食品株式会社）”
差出人：“ 山崎高志 ”yamazaki@xyzabc.ne.jp
件名　：資料のご送付ありがとうございました（○○大学・山崎）
❶

❷
○○食品株式会社　人事部人事課
高橋太郎様

私は、○月○日に御社のウェブサイトから
❸❹
エントリーさせていただきました、
○○大学経済学部３年の山崎高志と申します。
このたびは、応募書類や会社案内をお送りいただきまして、
ありがとうございました。

さっそく拝読させていただき、貴社が最近発表された商品□□の、
企画から完成までのお話に、たいへん感銘を受けました。
私も貴社の一員となって、
お客様に喜びを与える新商品の開発に携わりたいという気持ちが、
ますます強くなってまいりました。

会社説明会にも、ぜひ参加させていただきたいと
考えております。
あらためてご連絡させていただきますので、
どうぞよろしくお願いいたします。

まずはとり急ぎ、お礼を申し上げます。

❺
・・・・・・・・・・・・・・・・・・・・・
○○大学経済学部経営学科３年
山崎高志（やまざき　たかし）
〒223-0061
神奈川県横浜市港北区日吉○丁目○番○号
電話番号：045-000-0000
携帯番号：080-0000-0000
E-mail：yamazaki@xyzabc.ne.jp

❶用件を簡潔な言葉で表す。最後に（　　）で自分の名前を添えるとよい。
❷社名や相手の名前の漢字をまちがえないように注意する。
❸段落の最初は「１字あき」にしない。
❹頭語や時候のあいさつは省略し、すぐに用件に入る。
❺署名には大学名や連絡先を入れる。

手紙のマナー

就職活動での企業への連絡手段としては、メールが一般的になりました。しかし、ここ一番というときに、ビジネスマナーを心得た気配りのある手紙が書ければ、好印象を持たれ、評価のアップにつながります。手紙の書き方の基本を身につけておきましょう。

縦書きの手紙の基本パターン

手書きの場合は、白地の便せんに縦書きにするのが、一般的です。多忙な相手に配慮し、文章はできるだけ簡潔にまとめましょう。長くても、便せん２枚以内にまとめるのがマナーです。

資料送付のお礼状（縦書き）

❶拝啓　❷秋冷の候、貴社ますますご清栄のこととお度び申し上げます。

私は、○月○日に御社のウェブサイトからエントリーさせていただきました、○○大学経済学部3年の山崎高志と申します。応募書類や会社案内をお送りいただきまして、ありがとうございました。

さっそく拝読させていただき、貴社が最近発表された商品□□の、企画から完成までのお話に、たいへん感銘を受けました。私も貴社の一員となって、お客様に喜びを与える新商品の開発に携わりたいという気持ちが、ますます強くなってまいりました。

会社説明会にも、ぜひ参加させていただきたいと考えております。あらためてご連絡させていただきますので、どうぞよろしくお願いいたします。

まずはとり急ぎ、お礼を申し上げます。

❶敬具

❸令和○年○月○日

❹○○大学経済学部経営学科3年　山崎高志

❶「頭語」から始める。また、「頭語」に合わせた「結語」を忘れないようにする。「頭語と結語」には、決まった組み合わせ方がある（212 ページ参照）。

❷手紙のあいさつ文には、「時候のあいさつ」を入れるのが基本（213 ページ参照）。

❸日付を入れる。

❹縦書きの場合は、自分の名前は最後に書く。

横書きの手紙の基本パターン

ビジネス文書は、横書きの形式が一般的です。それにならって横書きにしてもよいでしょう。パソコンで作成することもできます。縦書きの場合とは、日付や相手の名前、自分の名前の位置が違うことに注意します。

資料送付のお礼状（横書き）

令和○年○月○日

日付を入れる。

○○食品株式会社

人事部人事課御中

相手の名前は日付の次に書き、その下に自分の名前や連絡先を書く。

〒223-0061

神奈川県横浜市港北区日吉○丁目○番○号

山崎高志

○○大学経済学部経営学科３年

ビジネス文書では、表題をつけるのが基本。

「頭語」から始める。「頭語と結語」には、決まった組み合わせ方がある（212ページ参照）。

貴社資料受領のお礼

手紙のあいさつ文には、「時候のあいさつ」を入れるのが基本（213ページ参照）。

拝啓　秋冷の候、貴社ますますご清栄のこととお喜び申し上げます。

私は、○月○日に御社のウェブサイトからエントリーさせていただきました、○○大学経済学部３年の山崎高志と申します。応募書類や会社案内をお送りいただきまして、ありがとうございました。

さっそく拝読させていただき、貴社が最近発表された商品□□の、企画から完成までのお話に、たいへん感銘を受けました。私も貴社の一員となって、お客様に喜びを与える新商品の開発に携わりたいという気持ちが、ますます強くなってまいりました。

会社説明会にも、ぜひ参加させていただきたいと考えております。あらためてご連絡させていただきますので、どうぞよろしくお願いいたします。

まずはとり急ぎ、お礼を申し上げます。

敬具

「頭語」に合わせた「結語」を忘れないようにする。

頭語と結語の組み合わせ

手紙文の書き出しは、前のページにあげたような、「拝啓　○○の候、貴社ますますご清栄のこととお喜び申し上げます」という形式が一般的です。この「拝啓」を頭語といい、最後に必ず結語がきます。頭語と結語の組み合わせには、下の表のようなルールがあります。

	頭語	結語
一般的な手紙	拝啓	敬具
ていねいな手紙	謹啓	敬白
緊急の手紙	急啓	敬具
返信の場合	拝復	敬具
あいさつを省略する場合	前略	草々

➡「時下」という言葉を使って、時候のあいさつを省略することもできる。
➡「立春」は２月４日前後、「立秋」は８月７日前後になる（年によって多少ずれることがある）。

相手への敬意を表す言葉

手紙文独特の尊敬語として、相手の企業のことは「貴社」と書きます。銀行であれば「貴行」になります。反対に、自分の会社をさす謙譲語は、「弊社」「当社（当行）」「小社」です。

また、「ご清栄」は、相手の企業をたたえる言葉で、ほかに「ご隆盛」「ご発展」「ご繁栄」なども使うことができます。個人に対しては、「ご清栄」「ご健勝」「ご清祥」を使います。お世話になったＯＢ・ＯＧなどへの手紙では、「○○様におかれましては、ますますご健勝のこととお喜び申し上げます」などを使います。

時候のあいさつ

手紙文の書き出しに出てくる「○○の候」などの表現を、「時候のあいさつ」といいます。月ごとに違いますので、注意しましょう。ビジネス文書では、省略されることもあります。

1月	厳寒《げんかん》の候、初春《しょしゅん》の候、新春《しんしゅん》の候
2月	厳冬《げんとう》の候（立春まで）、余寒《よかん》の候（立春以降）、立春《りっしゅん》の候
3月	早春《そうしゅん》の候、浅春《せんしゅん》の候、弥生《やよい》の候
4月	春暖《しゅんだん》の候、陽春《ようしゅん》の候、桜花《おうか》の候
5月	新緑《しんりょく》の候、若葉《わかば》の候、薫風《くんぷう》の候
6月	梅雨《ばいう》の候、初夏《しょか》の候、向夏《こうか》の候
7月	盛夏《せいか》の候、猛暑《もうしょ》の候、大暑《たいしょ》の候
8月	晩夏《ばんか》の候（立秋まで）、残暑《ざんしょ》の候（立秋以降）、立秋《りっしゅう》の候
9月	新秋《しんしゅう》の候、初秋《しょしゅう》の候
10月	清秋《せいしゅう》の候、秋冷《しゅうれい》の候、仲秋《ちゅうしゅう》の候、紅葉《こうよう》の候
11月	晩秋《ばんしゅう》の候、暮秋《ぼしゅう》の候、向寒《こうかん》の候
12月	初冬《しょとう》の候、師走《しわす》の候、寒冷《かんれい》の候

➡「時下」という言葉を使って、時候のあいさつを省略することもできる。

➡「立春」は2月4日前後、「立秋」は8月7日前後になる（年によって多少ずれることがある）。

メール・添え状・手紙の文例

郵送でエントリーシート・履歴書を送るときは、添え状を添付します。p206-207の「エントリーシート・履歴書を提出する前に」の注意事項を確認して、準備しましょう。

添え状は、送付する書類のいちばん上にのせて、いっしょにクリアファイルにはさみます。

エントリーシート・履歴書の添え状

拝啓　余寒の候、貴社ますますご隆盛のこととお喜び申し上げます。

❶私は、○○大学経済学部３年の山崎高志と申します。

貴社の採用試験をぜひ受けさせていただきたく、エントリーシートおよび履歴書をお送り申し上げます。

❷貴社のホームページを拝見し、また○○部の山田様から直接お話を伺い、最先端の製品開発を通じて社会全体を豊かにすることをめざす経営理念に、深く共感いたしました。貴社を志望する気持ちが、いっそう強くなってまいりました。

❸同封いたしましたエントリーシートおよび履歴書をご査収、ご検討のうえ、面接の機会をいただければ、ありがたく存じます。

何卒よろしくお取りはからいくださいますよう、お願い申し上げます。

敬具

令和○年○月○日

○○大学経済学部経営学科３年　山崎高志

○○システム株式会社　人事部人事課御中

❶文章の前半に、大学・学部名と自分の名前を書く。送付前に説明会などに参加している場合は、「○月○日に貴社の説明会に参加させていただきました、○○大学

経済学部３年の……」のように書く。
❷その企業に応募したいと思ったきっかけについて、簡潔に述べる。
❸同封物が多い場合は､｢敬具」のあとに､｢同封物　【１】エントリーシート　【２】履歴書　　【３】作文」のように、箇条書きにするとよい。

OB・OG 訪問の依頼

拝啓

　時下、佐藤様には、❶ますますご健勝のこととお慶び申し上げます。

　さて、突然のお手紙で失礼いたします。私は、○○大学経済学部３年の山崎高志と申します。現在、○○業界を中心に就職活動を行っております。

　❷大学の就職課で鈴木様のご紹介を受け、ぜひＯＢ訪問させていただきたく、お手紙を差し上げた次第です。お忙しいところを恐縮ですが、お仕事の内容について、お話を聞かせていただけますでしょうか。

　現在、就職活動で企業研究を行っており、環境管理のコンサルティングに独自のノウハウを持ち、認知度を急進させている貴社に、たいへん興味を抱いております。

　❸鈴木様のご都合のよろしい日に、１時間ほどお時間をいただけますと、ありがたく存じます。誠に勝手なお願いで恐縮ですが、後日あらためてお電話させていただきますので、どうぞよろしくお願いいたします。

敬具

➡就職課や紹介者からメールアドレスを聞いている場合は、手紙ではなくメールでOK。p208 ページを参照し、メールのマナーに基づいて送る。
❶個人あての手紙なので、「ご健勝」を使う。「ご清栄」「ご清祥」でもよい。
❷どのようにして相手の連絡先を知ったのかを明記する。
❸遠方在住の社員の場合は､オンライン（zoom 等）で会うのも選択肢にするとよい。
➡メールの送信後、あるいは手紙が届く頃を見計らって依頼の電話をし、訪問後はお礼のメール（手紙）を送る。

OB・OG 訪問の企業への依頼

拝啓

時下、貴社ますますご隆盛のことと存じます。

突然のお手紙で失礼いたします。私は、○○大学経済学部農業経済学科３年に在籍しております山崎高志と申します。

現在、就職の企業研究を進めておりまして、その中で、貴社に強い興味を抱きました。そこで、ぜひお話をおうかがいできる貴社社員の方をご紹介頂きたく、お手紙を差し上げました。

私は、食品メーカーの中でユニークな企業理念を持ち、毎年躍進を続ける貴社について、ぜひ、実際❶に営業部で働いていらっしゃる社員の方から生の声をうかがいたいと思いました。しかし、知り合いや卒業名簿から探したのですが、OB・OGの方が見つかりませんでした。

お忙しいところ、誠に勝手なお願いではございますが、貴社の営業職についてお話を伺える方をご紹介頂けないでしょうか。

改めてお願いのお電話をさせて頂きますが、まずは書面にてご依頼申し上げます。

よろしくお願い申し上げます。

敬具

➡自分でOB・OGを見つけられなかった場合、企業に紹介を依頼してみる。
➡企業のWEBサイトに問い合わせのメールアドレスが載っている場合もあるが、手紙を出したほうがよい。
❶紹介してほしい職種を忘れずに明記する。
➡手紙が届く頃に電話をする。

説明会・面接後のお礼

拝啓

私は、❶○月○日午後に貴社の面接を受けさせていただきました、○○大学経済学部3年の山崎高志と申します。面接のために貴重なお時間を割いていただきまして、誠にありがとうございました。

研修システムや、経営理念のより深い部分について、詳しくお話を伺うことができ、入社後の仕事について、具体的にイメージできるようになりました。❷貴社に入社したいという熱意が、ますます高まってまいりました。ぜひ貴社の一員となり、皆様のご指導をいただきながら、努力を続けていきたいと願っております。

とり急ぎ、面接のお礼を申し上げます。

敬具

➡人事担当者とメールで連絡をとっている場合は、メールでお礼を述べてもよい。とにかく、面接や説明会のあった当日に出すことで、好感度がアップする。

❶面接や説明会の日時を明記する。説明会参加後に出す場合は、「説明会に参加させていただきました……」とする。

❷簡潔に入社への熱意をアピールする。

面接遅刻のお詫び

拝啓

早春の候、貴社ますますご隆盛のこととお喜び申し上げます。

私は、❶○月○日午後に貴社の面接を受けさせていただきました、○○大学経済学部3年の山崎高志と申します。

❷その面接の際、定刻よりも遅れてお伺いし、貴社の皆様や、ほかの受験者の方にご迷惑をおかけしてしまいました。心からお詫び申し上げます。また、遅刻したにもかかわらず、面接を受けさせてくださいましたことに、たいへん感謝しております。誠にありがとうございました。

時間厳守という当然のマナーを破ってしまい、本当に申し訳ございませんでした。二度とこのようなことがないよう、今後は十分に注意する所存です。無理を承知でお願い申し上げますが、もし御社で次の面接の機会をいただけましたら、誠にありがたく存じます。

まずは書面にて、心からお詫びを申し上げます。

敬具

➡面接に遅刻した場合、欠席した場合は、その場ですぐに電話連絡を入れる。そのうえで、その日のうちにお詫びの手紙を出すこと。
➡お詫びをする場合は、メールではなく手紙にしたほうが、誠意が伝わる。
❶面接を受けた日時を明記する。
❷お詫びをする場合は、事情の説明は説明せず、ただ謝ることが基本。

内定のお礼

拝啓

先日は、貴社内定のご連絡をいただきまして、誠にありがとうございました。

ＯＢ訪問や説明会、面接を通じて、多数の貴社の方にお会いし、お話を伺いました。自分の仕事にプライドを持ち、使命感に燃えて働いていらっしゃる皆様と、いっしょに仕事ができることに、大きな喜びを感じております。

未熟ではありますが、ご採用くださった皆様の期待に応えられるように、日々精進していく所存です。

今後もいろいろとお世話になるかと存じますが、ご指導のほど、どうぞよろしくお願い申し上げます。

敬具

➡内定したら、これまでにお世話になった人に、忘れずにお礼のメールや手紙を送ること。

➡上記は企業の人事担当者に出す場合。ほかにも、話を聞かせてくれたＯＢや社員などに、入社後の信頼関係づくりの第一歩と考えてお礼状を送る。

➡内定に至るまでにも、資料請求、説明会、筆記試験、面接と、そのたびごとにお礼状を送れば、印象がアップする。

内定辞退

拝啓

時下、貴社ますますご隆盛のことと存じます。

さて、先般は入社内定のご通知を頂きまして、誠にありがとうございました。貴社に選ばれた人材であること、大変光栄に存じます。

しかし、いろいろと考えました結果、入社を辞退させて頂くことを決心致しました。何度もお手数をおかけして選考して頂いたのに、たいへん申し訳ございません。

私が強い関心を持っているバイオテクノロジーと環境問題に関する研究をより深めたいという思いが強まり、大学院への進学を決断いたしました。

誠に身勝手な理由ではございますが、何卒、お許し頂きたくお願い申し上げます。

まずは、心よりお詫び申し上げます。

敬具

➡企業の印象を悪くすると、今後、出身大学からの採用が打ち切られて後輩に迷惑がかかる可能性もあるので、内定辞退には細心の注意が必要です。なるべく手紙を速達で送り、その後電話で丁寧に謝罪します。
➡他の企業に入社する場合も、とくにその社名を伝える必要はない。とくに、同業他社や取り引き先に就職する場合は、内定を辞退した会社からの横のつながりで、入社予定の企業が内定取り消しをするという可能性もないとは言いきれない。
➡辞退の理由は、「一身上の都合により……」のように書いてもよい。
➡家業を継ぐ、自身の健康問題、留学や大学院への進学は、内定辞退の理由としては無難な例。

途中選考辞退

拝啓

時下、貴社ますますご隆盛のことと存じます。

さて、次回面接のご通知を頂きまして、誠にありがとうございました。しかし、一身上の都合により、今後の面接を辞退させて頂きたいと考えております。

お手数をおかけして選考して頂いているにもかかわらず、たいへん申し訳ございません。誠に身勝手ではございますが、何卒、お許し頂きたくお願い申し上げます。

まずは、心よりお詫び申し上げます。

敬具

➡辞退することに決めたら、なるべく早く伝える。次の面接をドタキャンするなどはもってのほか。
➡辞退の理由は詳しく述べず、「一身上の都合により……」で OK。
➡選考が終盤まで進んでいる場合は、内定辞退のとき同様、出身大学と相手先企業との関係が悪くならないよう、丁寧な対応を心がける。手紙を速達で送り、追って電話をするのがベスト。

資料請求

拝啓

時下、貴社ますますご隆盛のことと存じます。

突然のお手紙で失礼いたします。私は、〇〇大学経済学部農業経済学科３年に在籍しております山崎高志と申します。

現在、就職活動をしております。食品メーカーを希望しており、貴社を第一志望に考えております。

貴社におかれましては、来年度の新卒採用を予定されておりますでしょうか。もし、会社案内、採用予定、説明会の日程などの資料がございましたら、下記住所宛にお送り頂けませんでしょうか。

お忙しいところお手数をおかけいたしまして誠に恐縮ですが、何卒、よろしくお願い申し上げます。

敬具

〒112-xxxx　東京都文京区関口 x-xxx-x-503 山崎高志

電話：xxx-xxxx-xxxx

e-mail：xxxxxx@xxxxxxxxxx

➡志望企業が採用告知をしていない場合、こちらから連絡をとることで、強い熱意を伝えることができる

坂本直文（さかもと・なおふみ）

キャリアデザイン研究所代表。大学非常勤講師（就職指導担当）。全国88大学で就職対策講義を受け持つ。大学時代から就職コンサルタントを志し、金融、広告、新聞、教育の4業界でビジネススキルを学ぶ。自らの面接官経験と最新の採用情報、広告理論、文章術、コーチング術等を駆使した実践的指導に定評がある。全国の大学や大学生協、新聞社、自治体等と連携し、就職講座を年200回以上開催。立教大学理学部物理学科卒。Twitter と Facebook で内定獲得に役立つ情報を発信している。

『内定者はこう書いた！ エントリーシート 履歴書・志望動機・自己PR 完全版』『内定者はこう話した！ 面接・自己PR・志望動機 完全版』（ともに高橋書店）、『就活テクニック大全』（東洋経済新報社）など、著書多数。

著者 Twitter
https://twitter.com/sakamotonaofumi (SakamotoNaofumi)

著者へのメール（本の感想、講演、取材依頼など）
sakamoto393939@yahoo.co.jp

就活コンサル・坂本直文さんの企業研究入門
http://www.asahi.com/special/shukatsunews/sakamoto/

内定者《ないていしゃ》が教《おし》える受《う》かる書《か》き方《かた》
自己《じこ》PR・志望動機《しぼうどうき》
エントリーシート完全対策《かんぜんたいさく》

著　者 ——— 坂本直文《さかもとなおふみ》
発行者 ——— 佐藤 靖
発行所 ——— 大和《だいわ》書房
東京都文京区関口 1-33-4
電話　03-3203-4511

ブックデザイン —— 阿部美樹子
本文印刷 ——— シナノ印刷
カバー印刷 ——— 歩プロセス
製本所 ——— ナショナル製本

ISBN978-4-479-79800-2
定価はカバーに表示してあります
https://www.daiwashobo.co.jp
X-2001-01